AF131917

PIE II, LETTRE AU SULTAN MAHOMET II

Instruction de la foi chrétienne, contre les impostures de l'Alcoran

1589

© 2021, Jah Rastafari

Édition : BoD – Books on Demand,

12/14 rond-point des Champs-Élysées, 75008 Paris

Impression : BoD - Books on Demand, Norderstedt,

Allemagne

ISBN : 978-2-3223-7749-7

Dépôt légal : Juillet 2021

CHAPITRE I

Pi Évêque, Serviteur des Serviteurs de Dieu, à Mahomet Illustre Prince des Turcs, crainte et amour du nom de Dieu, et de la divine Majesté.

Nous ayant pris un désir de t'écrire quelque chose, qui concerne ton salut et ta gloire, ensemble la consolation et paix de plusieurs qui sont plongés au profond abyme de l'infidélité, nous te supplions d'accommoder ton oreille paisible et favorable à nos discours, et ne les rejeter ou mépriser avant que tu en aies fait lecture, et en ayant eu la connaissance, reçois de bonne part ce que nous t'écrivons, et prends le loisir d'y méditer avec patience, en les lisant depuis le commencement jusques à la fin.

Si alors ce que nous te voulons persuader te semble utile et profitable, tu l'embrasseras, sinon, tu en feras au feu un sacrifice. Ne te veuille aigrir au premier affront de cette exhortation, à cause de ce qu'elle porte, en tête le nom d'un homme qui a fait profession de la Foi Catholique, et qui est le chef de toute l'Église de Jésus Christ.

Pense seulement, que nous ne sommes point insidiateurs de ta couronne, que nous n'y procédons par haine et rancune pour offenser ta personne, car encore que tu sois mortel ennemi de notre Religion, en persécutant par le tranchant de ton glaive le nom Chrétien, nous ne sommes pas néanmoins résolus de te fâcher ou molester de fait ou de paroles, bien que tu nous en donne assez d'occasions, par tes machinations et œuvres mauvaises.

Nous suivons le commandement de notre Dieu qui nous enjoint d'aimer nos ennemis, et le prions de pardonner à ceux qui nous persécutent.

Au reste, nous sommes débiteurs aussi bien aux fous, qu'aux Sages, et sommes désireux que tous arrivent au port du salut, Grecs, Latins, Juifs, et Sarrasins, nous souhaitons à tous prospérité et vie.

Si nous sommes, nous, bien assurés que nul ne peut parvenir au comble des joies, bonne fortune, et félicité des délices éternelles, qui est hors de l'Église, séparé de Jésus Christ, forclos de l'Évangile, et éloigné de la troupe Chrétienne.

Par quoi, nous te supplions (Prince très-illustre) de ne point boucher tes oreilles, et de ne point détourner ta face en arrière quand nous nommons Jésus Christ, duquel même ta loi mahommétique qui t'a été nourri et instruit, confesse avoir été saint, et religieux Prophète, fils d'une Vierge, admirable en signes et prodiges.

Si tu veux recevoir sa Foi, te soumettre à sa Loi, obéir à son Église, et participer à ses Sacrements.

Tu jouiras de biens inestimables qu'on ne saurait assez suffisamment louer, et priser.

CHAPITRE II

Tu seras peut être étonné, et renfrogneras de colère devant cet exorde tissu de telle façon, mais avant que tu en donnes sentence définitive, et que tu en face un jugement.

Je te prie de diligemment examiner que c'est que de ta Loi. Et te prie aussi d'entendre soigneusement quelle est notre intention, en cette entreprise.

Il ne se peut faire que tu ne sois bien informé, des cruelles guerres qui ont été démenées entre tes Ancêtres, et les Chrétiens, des batailles et assauts qui ont été donné, du sang qui a été tant largement répandu, des villes qui ont été rasées, et des Églises qui ont été brûlées, de l'effort et violence dont ont souffert les honnêtes matrones, et chastes Vierges par la rage et fureur des Barbares, des champs qui ont été dévastés, et des maisons qui ont été pillées, bref des crimes horribles, et impiétés étranges, commises par les Infidèles, telles que c'est horreur de les référer.

C'est ce qui est advenu, lorsque le Turc et le Chrétien ont voulu débattre par armes à qui appartiendrait le diadème impérial.

Quant à toi, tu es connu par tes œuvres, qui donnent suffisant témoignage de ton intention, et le bruit qui s'épand de ta renommée nous fait croire, que tu as envie de mettre toute la Chrétienté sous le joug de ton Empire, auquel tu prétends joindre l'Empire Romain.

Pour y parvenir, tu reçois assez de gens à ton conseil, qui te persuadent les moyens, et te font croire que cela te sera aisé et facile, de tout conquérir à force d'armes.

Mais il y en a qui sont flatteurs, et trop idolâtres de tes Vertus, te haussent, et sous-estiment trop les forces des Chrétiens, comme si ce n'étaient que mouches contre les Éléphants, et que leurs forces fussent trop minces et débiles, au respect des tiennes.

Les autres te crient déjà triompheur, et t'enflent d'espérance, fondée sur le désordre qu'ils aperçoivent régner en la Chrétienté, à cause, des haines, partialités, et divisions qui sont enracinées aux cœurs des Princes Chrétiens, comme étant assuré qu'il est aisé de maîtriser ceux qui secourent d'eux-mêmes le couteau dans le gosier, et s'entrebattent en leurs maisons.

Mais avant que tu prennes pied à telle dissension, considère de près nos affaires. Et pense à ce que tu entreprends. Tu ne peux ignorer combien est la Chrétienté de longue étendue, combien est puissante l'Espagne, La France belliqueuse, l'Allemagne peuplée, La Bretagne forte, la Pologne fière, La Hongrie délibérée et résolue, l'Italie opulente et courageuse, et bien duite au maniement des armes.

Ne sais tu pas bien que la seule Hongrie t'a bien résisté, et a fait tête à tes prédécesseurs. Et qu'il y a quatre vingts ans, que l'expédition Turquesque s'est faite, et que les enseignes ont été déployées pour guerroyer les Hongres, et néanmoins n'ont encore su traverser le Danube, et sont là demeurés ?

Puis qu'une seule nation t'a acculé. Que pense tu faire, si tu entreprends guerre contre les Italiens, François, et Allemands, Peuples bien unis et ramassés, et de cœur hautain voire de force indomptable ?

On te souffle peut être aux oreilles que le grand Empereur Justinien, par la dextérité et conduite de son Lieutenant général Belisaire, avec peu de gens, retira de la puissante main des Goths, Rome, et toute l'Italie jusques aux Alpes, qui avaient été si longtemps hors de ses mains, et que tu n'estimes moins fort que Justinien.

Garde toi bien de croire à telles persuasions, et chasse de ta présence tels parasites qui tâchent à te décevoir par leur flatterie et adulation, qui est une peste domestique, et fort ordinaire en Palais des Princes et grands Seigneurs.

Lesquels y sont souvent trompés, en prêtant trop légèrement créance aux rapports des adulateurs, qui déguisent les matières pour flatter : Il n'y a celui qui ne s'estime plus que tout autre.

Justinien donc était seul dominateur, de la Grèce, Illyrie, Asie, et Libye, il n'a pas conquit l'Italie, mais seulement il l'a ôté de la main des Goths qui étaient Ariens, et non de la main des Italiens.

L'amour de l'Empire Romain n'était encore refroidi aux cœurs des Italiens, et pas un de son bon gré, n'endura la tyrannie de ces Barbares, au contraire ils se liguèrent tous d'un courage franc et allègre, prenant les armes pour les chasser, et revendiquer l'ancienne liberté de leur Empire, et de la Patrie.

Et ne travailla jamais tant Belisaire à remettre les Italiens en liberté, comme ils se purent eux-mêmes pour sortir de la servitude, et de se venger de l'injure reçue, en recouvrant leur gloire et honneur.

Au reste, tes ancêtres n'ont pas eu encore tant de crédit, je ne dirai pas de posséder, mais seulement de voir l'Italie, par quoi tu n'as que faire de prétendre quelque droit sur celle-ci.

Car si tu as hâte de l'envahir, tu te rendras compte que les Italiens ne sont ni engourdis ni efféminés, mais de courageux mâles, d'esprit généreux.

D'ailleurs nous confesserons tant que tu voudras que tes Ancêtres Ottomans ont montré leurs prouesses, et vaillantises gloires, et honneur, et que tes conquêtes récentes ne sont de peu d'estime, puisque tu as mis en ta subjection l'Empire de Constantinople, et approché les confins de Gênes la mer entre deux.

Tu as obtenu le Péloponnèse en chassant les Chrétiens qui étaient dedans.

Tu as eu plusieurs victoires, en Achaïe, Aracanie, Épire, Bulgarie, Russie, Servie, et Valachie. Et tout fraîchement tu as subjugué la ville Sinopis où tu as pris le Tyran qui y commandait. La ville Impériale Trapezonde a éprouvé tes forces, quand tu as rendu captif l'Empereur, Tu as mainte fois mis tes ennemis en déroute.

Tu as enfin vaincu Usumcassan qui avait levé les armes contre toi. Or tu te piaffes de tant de victoires, qui te semblent émerveillables. Ce que nous ne voulons pas nier.

CHAPITRE III

Jules César retournant de la victoire Pontique pour recevoir l'honneur du triomphe à Rome, commandant sur son chariot triomphant ce dicton fût affiché, Je suis venu, J'ai vu, J'ai vaincu.

Qui est autant comme s'il t'eut voulu admonester que toutes les nations que tu as subjugué ne lui avaient pas donné beaucoup de peine à dompter, comme inexpertes au maniement des armes pour se défendre, veut que Pompée avant toi, et puis toi même les avez tant aisément mises à raison, mais les Italiens sont bien d'une autre trempe, et ont bien autre esprit, et dextérité, car jamais ils n'ont encore éprouvé le joug étranger, au contraire ils ont imposé sur les autres, par quoi nous te faisons maintenant entendre, que l'Italie est toute en armes, équipée de tout point, garnie de gendarmerie tant de cheval que de pied.

Elle ne manque d'argent pour la solde qu'on a toujours estimé être le nerf de la guerre, tu ne trouveras pas pour te faire résistance, quelques femmes qui ont le cœur affaibli, ou gens efféminés qui redoutent les armes, tu n'auras pas seulement la Hongrie ou l'Italie, ou quelque autre Province Occidentale en test, car puisqu'il est question de se frotter à bon escient tiens toi assuré, que nous combattrons avec perches Asiatiques, et auront la poitrine si bien armée de maille, et corselets d'acier et d'azul, et auront chevaux si bien dressés, qui garderont l'ordre du combat, ne s'étonnant de feintes alarmes, qu'il faudra que ceux qui les voudront enfoncer soient plus fort armés et qu'ils soient d'esprit plus vigilant et de courage plus hardi et généreux, et aient aussi la main plus assurée que les nôtres.

Ne te pense point hausser et te promettre plus de faveur, pour les débats, noises et contentions que tu vois entre les Chrétiens, c'est mal avisé que de mettre son espoir en l'infélicité d'autrui, sois certain qu'aussitôt qu'ils entendront que tu feras semblant d'aborder les havres de la chrétienté, ils se ligueront pour courir unanimement sur tes troupes, et sera cause de ce bien là, qu'étant réconcilié au bruit de la descente de tes armes leur haine et inimitié changée en concorde, se jetteront sur toi, empêcheront tes approches et à communs frais extermineront leur commun ennemie.

Et ne sera pas expédient que pour ce faire toute la chrétienté s'arme pour s'opposer à tes invasions, et empêcher tes courses, repousser tes forces et arrêter tes desseins, aussi cela sera-t il bien difficile, mais quand une seule nation d'entre quatre s'armera, elle te combattra vaillamment, et renversera tes armées.

Or tu penseras que nous disions ceci par vantardise, et que c'est chose controuvée pour te donner épouvantement, je suis content de ne dire mot, tu as des personnages en ta cour, qui ont autrefois voyagé en Italie, où ils ont suffisamment contemplé les mœurs et façons des Italiens, se sont informés de leurs moyens et de leurs forces, de leur dextérité et gaillardise d'esprit.

Interroge les, et tu apprendras de leur rapport, si tes forces pourront suffire, pour déprimer les forces Italiennes et les ranger à ta dévotion.

Les anciens Romains ont eu plus de difficulté à conquérir l'Italie, qu'ils n'eurent de peine à mettre sous joug tout le reste du monde.

Que si quelqu'un d'entre tes conseillers se présente, qui te mette devant les yeux pour t'échauffer, le courage, les dissensions, et guerres intestines qui règnent parmi nos Princes, comme si cela te facilitait le moyen d'entrer en Italie par la trahison de quelqu'un qui se voudrait venger de son ennemi et voudrait porter nuisance à celui qui s'emploierait à repousser tes forces, auparavant que de lui prêter créance, songes-y par toi, qu'il n'y a Prince Chrétien tant soit-il saisi de mauvaise grâce et haine contre son prochain bien que l'on en voit vraiment aucune forte échauffourée à se ruiner l'un l'autre (à la mienne volonté qu'ils fussent bien réconciliés) qui aie quelque désir de tomber sous le joug d'un Prince infidèle, au contraire tous seront bien résolus de laisser la vie mourant pour la Foi Catholique, que de laisser enjamber sur leurs terres au préjudice de notre religion, de leur honneur et profit.

Jamais ne permettront d'entrer une autre religion que la vraie, car cela est odieux.

Ne pense point que les Italiens guerriers ressemblent à ceux que tes ancêtres, et toi, avez trouvé en la Grèce ou deux Princes prétendants pour l'empire, se sont ruinés l'un l'autre, chacun étant assisté de partisans, qui favorisaient à leur fantaisie, celui qu'ils pensaient avoir le bon droit, mais en fin la fortune a tourné le dos à l'un, et l'autre, et un tiers s'est saisi de la principauté, il ne faut pas que tu en penses faire autant en Italie, car les Princes Italiens sont d'une autre humeur, et se gouvernent par autre avis, ont meilleur conseil pour te repousser, et se fortifier contre tes forces.

CHAPITRE IV

La République de Venise, riche et opulente en trésors et richesses, très-résolue en conseil et providence, religieuse et dévote à Jésus-Christ, endurerait plutôt le sac, et souffrirait plutôt d'être abîmée, que d'endurer que l'ennemi de la foi mette le pied en Italie.

Car si elle veut, elle a bien le moyen de s'opposer toute seule sans l'aide et secours des villes voisines, à tes efforts par mer et par terre, elle peut résister à tes armées, voire ruiner tes richesses.

D'avantage, ne sais-tu pas bien quelle est l'excellence et magnificence de la cité de Florence, combien puissante et belliqueuse, laquelle aussi est totalement vouée à la vraie religion, et consacrée au service et la gloire de Jésus Christ ?

Voudrais-tu bien songer qu'une telle cité laisserait aborder les havres et ports d'Italie, ou qu'elle souffrirait qu'un ennemi de Dieu, et de la sainte religion, et qu'une nation privée de droit et d'action la mette sous le joug de la servitude ?

Il y a encore d'autres bonnes villes, en bon nombre, et non de moindre excellence et qualité, et plusieurs grands Princes et Seigneurs qui n'en feront pas moins.

Nous ne dirons rien ici du Royaume de Sicile, du fait qu'il est maintenant tout ébranlé, par émotions de guerre, tellement que nous n'avons aucun respect à son secours, bien que nous pouvons bien assurer et promettre que les deux Princes qui se combattent pour le droit du royaume aimeront mieux quitter leur droit prétendu, que l'obtenir par ton secours au préjudice de leur foi et religion.

Car si l'un d'eux avait recours à ta faveur pour vaincre son compétiteur, dès lors il encourrait la haine, et l'inimitié des Princes Italiens.

En la Gaule delà les Monts, parti de l'Italie est le Duc de Milan, qui n'est pas moindre qu'un Roi, fort renommé en prouesses, et faits belliqueux.

Les forces des Ducs de Mutine et de Gênes qui commandent à la Mer Ligustique ne sont à mépriser, Le Duc de Savoie et Prince du Piémont parti aussi d'Italie puissant et redoutable, ne t'est pas inconnu, non plus que le Marquis de Mantoue et plusieurs autres Seigneurs, et gouverneurs des villes, et frontières, qui ne trouveront rien plus à contrecœur que de voir les Itales tant illustres, empunaisies de l'erreur et superstition

Mahommetique.

Quant à nos Églises, et Provinces sujettes au siège Romain nous n'en diront rien, du fait que notre profession ne t'est pas inconnue.

Tu sais que tout notre soin, et travail ne tend qu'à la conservation et augmentation de la foi Chrétienne, si tu en es bien informé, nous en sommes très joyeux, car tu connais la vérité, et que si d'aventure tu en es ignorant, nous te prions dès maintenant, de bien réfléchir part toi même à tout ce que nous t'avons proposé à considérer, et en cherchant la vérité, tu t'apercevras que nous ne l'avons en rien déguisé, et n'avons rien inventé, car nous ne servons de fables, nous sommes possesseurs de l'Évangile.

CHAPITRE V

Il est tant difficile qu'à bon droit on le juge impossible, que persistant en ta méchante loi tu puisses obtenir ce que ton cœur désire.

Si cela est vrai que tu délibères d'unir à ta couronne l'Empire des Chrétiens, pouvant te vanter que tu as sous ton joug plusieurs Chrétiens, et qu'il est bien aisé d'en faire autant des autres.

Tu es bien dépourvu d'entendement, si tu ne juges de la disconvenance.

Car tu n'es pas ignorant qu'il y a sous ton Empire bien peu de Chrétiens de nom, et de vertu, du fait que peu cheminent la voie Évangélique, étant enfascinés par diverses erreurs.

Comme les Arméniens, Jacobites, Maronites, et autres qui font profession du Christianisme, mais ils sont entichés de diverses hérésies.

Ne sais-tu pas bien même que lorsque tu pris Constantinople les Grecs étaient schismatiques, et mal unis à l'Église Romaine, et que le Concile de Florence, n'était pas reçu ni publié en Grèce, et que les Grecs erraient en l'article de foi, de la procession du Saint Esprit, du père et du fils, et en l'article de la croyance du feu du Purgatoire, et ne s'accordaient avec l'Église Romaine ?

Et tu crois certainement que les Chrétiens qui vivent sous ton joug, t'obéissent plus par contrainte que de franche volonté, étant par nécessité contraints de temporiser.

Mais il ne faut pas que tu songes, que tu puisses ainsi commander sur les villes d'Italie tant florissantes et puissantes, qui tiennent plus raidement, et ont une résolution plus forte que toi, ni que tes forces les puissent ébranler.

N'es-tu pas mémoratif, comme la fortune te tourna le dos devant la ville de Taurine autrement nommée Belgrade, où toute ta gendarmerie fut défaite par gens qui n'étaient armés que du signe de la croix ?

Tu peux bien donc conter, que ton espérance est frivole de penser obtenir victoire sur les Italiens, vu que tu as tant honteusement été chassé par les Hongres.

Par quoi nous venons au scope, et but de notre harangue, nous voulons bien que tu saches, que la cause principale qui nous incite à t'écrire, est pour t'enseigner le chemin que tu dois tenir pour parvenir à une grande gloire et honneur, puisque tu en as si grand désir.

Or je te prie donc d'être attentif à ce que nous désirons te faire entendre en peu de propos.

CHAPITRE VI

Si tu désires donc dilater ton Empire sur la chrétienté, et acquérir une gloire immortelle, tu n'auras jamais autant besoin d'or ou d'argent, ou de nombreux exercite.

Tu n'as que faire de si grand nombre de galères, et de vaisseaux de mer, la plus petite chose qui soit au monde, te peut faire très-redouté, très-puissant, et très-grand Monarque.

Me demandes-tu ce que c'est ?

Elle n'est pas difficile à trouver, et il ne faudra voyager loin pour la trouver, car elle s'offre en tous lieux.

C'est un peu d'eau pour te baptiser, et t'enrôler au nombre des Chrétiens, en recevant l'Évangile.

Si tu acceptes cela, crois ardemment qu'il n'y aura Prince en tout l'univers qui te puisse égaler en gloire, honneur, puissance et renommée.

Ce sera dès lors, que vraiment nous te reconnaîtrons Empereur des Grecs et de tout l'Orient, tellement que de bon droit tu seras paisible seigneur et possesseur, de tout ce que maintenant tu occupes injustement par tyrannie et violence.

Tous les Chrétiens avec grande joie et applaudissement te porteront honneur et révérence, voire t'éliront pour juge et arbitre de leurs débats et différents.

Et ceux qui se sentiront foulés auront recours à ta majesté en dernier ressort comme au siège d'équité et justice.

Tout le monde désirera de te voir.

Plusieurs se rendront franchement sous tes ailes comme à l'abri de ta faveur, chacun te rendra tribut, l'Église se réjouira en ta grandeur et sera en émoi pour toi, te voyant cheminer par le sentier de vertu.

Tu seras respecté par le siège de Rome qui te favorisera, et portera sincère affection, t'aimera en charité comme il fait avec les autres Rois, et croîtra ta majesté de tant, comme elle se montra plus sublime et excellente, par ce moyen, tu conquerras plusieurs terres et royaumes sans effusion de sang.

Ainsi fit Vladislaus Prince de Lituanie frère de Vitaldus lequel étant infidèle, et désireux d'avoir le royaume de Pologne, se fit Chrétien, et sans aucune contradiction il obtint la couronne prétendue, duquel le fils appelé Casimir, y commande à présent par le décès de son père, depuis que son frère aîné Roi de Hongrie fut occis en la bataille qu'il eut contre ton père Amurath, où il s'acquit une gloire immortelle.

Que penses tu donc qu'on te ferait, si tu étais régénéré, et initié aux saints sacrements de l'Église ?

On te rendrait visite de toutes parts, et te donnerait réputation de grande gloire, et honneur de renommer tes sujets, et crois certainement que si tu eusses été Chrétien, quand Ladislas Roi de Bohème et de Hongrie fut tué en la susdite bataille, on t'eut sans contradiction proclamé Roi des royaumes susnommés.

Et les Hongres eussent eu espérance d'être allégé de tant de maux qu'ils ont soufferts aux guerres passées, et les Bohémiens les eussent suivis sans dilations, en se donnant à toi.

Mais parce que tu es ennemi public et juré de notre religion, les Hongres en force incomparables, et très-fidèles à leur Prince, ont mieux aimé retenir constamment leur religion avec guerre, que de la perdre pour jouir de la paix.

CHAPITRE VII

Combien y a-t-il d'habitants en Épire, en Péloponnèse, en Macédoine et en la Grèce, en la Dalmatie, aux Îles d'Égée, Carpathie, et en la mer Ionique, lesquels refusent à vivre sous ton Empire non pour autre raison, sinon pour ce que tu es forclos du parc de l'Église de Jésus-Christ ?

Lesquels mêmes ne cessent de nous importuner, et d'implorer le secours des Princes Catholiques, pour s'opposer à tes courses, et sont résolus de plutôt mourir honteusement, et glorieusement endurer tous genres de supplices, et tortures, que de reconnaître un infidèle pour seigneur, et un circoncis pour leur Prince, auxquels vraiment nous prêtons secours, argent, et munitions selon l'exigence de la nécessité où ils sont.

Que si tu étais baptisé, et que tu fusses d'accord avec nous en une même foi et croyance, ils ne seraient en telle perplexité, et ne refuseraient à vivre sous ton sceptre, et nous autres serions relevés de la sollicitude de les secourir contre tes efforts, au contraire nous te ferions humble requête de leur être clément, bénin, gracieux, et favorable, et serais comme notre coadjuteur, pour extirper ceux qui tachent de rompre et abolir les franchises de l'Église Romaine, et s'élèvent contre leur mère.

Et tout ainsi que nos prédécesseurs Papes de Rome Estienne Adrian, et Leon ont appelé à leur secours les Rois de France Pépin, et Charlemagne à l'encontre d'Aistulphe et Didier Rois des Lombards. Lesquels aussi pour reconnaissance de leur délivrance par leur secours, ont ôté de la main des tyrans l'empire des Grecs, et l'ont transféré aux Rois de France, ainsi ferions nous aux affaires urgentes de l'Église, car nous implorerions ton confort et aide, et n'en serions ingrats, reconnaissants si grands bénéfices quand l'importunité se présenterait.

Ô Dieu quelle tranquillité, quelle abondance, et plénitude de paix et de bonne heure, quelle joie de toute la Chrétienté, quelle exultation part tout le monde.

L'âge doré et le temps d'Auguste tant chanté par les Poètes, semblerait être retourné et renouvelé, l'Agneau serait en assurance avec le Léopard, le veau avec le Lion, les glaives empourprés et teints au sang humain, seraient changés en socs et coutres de charrue, et en hoyaux pour labourer la terre. On exercerait paisiblement l'agriculture, on essarterait les taillis et buissons. La terre serait plaisante à contempler, les villages seraient rebâtis, et les villes repeuplées.

Les temples qui ont été rasés seraient relevés, et remis en leur pristine splendeur, les cloîtres des monastères seraient remplis de religieux qui chanteraient jour et nuit divins cantiques et louanges, ô quel heur, qu'elle félicité, qu'elle prospérité environnerait ton chef, si par ton moyen les brebis du grand pasteur Jésus-Christ égarées étaient rentrées en la bergerie, quelle révérence et amour, quel honneur et respect te porteraient les pauvres dévoyés ?

Chacun t'exalterait, comme auteur de salut, et de la paix universelle, quelqu'un te pourra souffler et dire que telle paix et concorde, que telle joie et liesse se peuvent aussi bien rencontrer sous ta loi.

Ceux là errent lourdement qui te font accroire cela, car il faut nécessairement, que plusieurs Rois, et peuples soient ensemble alliés, avant que tu viennes semer ta fausse doctrine Mahommetique, car si tu penses avoir uni les corps, tu ne lieras pas ainsi les esprits, et les cœurs.

A cause que les Chrétiens soutiennent jusqu'au dernier soupir de la vie leur religion être vraie, et pleine de salut sans en rien quitter ou lâcher soit par allèchement de plaisirs charnels, soit par amorce des richesses, soit par terreur et horreur des tourments et mort cruelle, jamais ils ne seront circoncis, jamais ils ne participeront à tes cérémonies et sacrifices, et si tu pouvais entrer au fond de leur cœur, tu saurais qu'ils n'ont pas envie de quitter l'Évangile.

Voilà ce que nous déployons donc devant tes yeux, à savoir les forces de la Chrétienté, et comme il est impossible que tu puisses dompter un si grand nombre de nations Chrétiennes, nous te proposons aussi, comme tu ne sauras jamais avoir le repos et la paix pendant que tu demeureras infidèle, que tu en expérimentes de jour en jour les difficultés, car bien que tu aies en ton Empire plusieurs Chrétiens qui ne sont ni vrais ni parfaits, si tu ne les as pas encore induits à recevoir ta loi, de laquelle ils ne veulent pas même entendre parler, comment donc penserais-tu ranger à ta volonté les bons et fidèles Chrétiens, pour recevoir ta loi, qui n'est fondée sur raisons apparentes, ou vrais semblables arguments ?

Elle a son fondement sur la pointe de l'épée, et sur les armes, ne pouvant rien avancer par bonnes disputes, ayant honte d'être convaincue de fausseté à recours au glaive. Or ceux la ne méritent pas le nom de vrais Chrétiens qui se laissent vaincre par les armes, ou qui se laissent décevoir par fausse doctrine, attendu qu'ils sont autant bien munis d'armes que toi, et mieux assurés, sur l'expresse parole de Dieu, de l'écriture sainte, et de la Philosophie.

Par quoi il est impossible que tu les puisses faire joindre à ta loi Mahommetique, mais il est plus facile du monde de te joindre à la loi Chrétienne.

Cela gît en ton choix, d'élire et prendre l'une ou l'autre, si tu choisis notre loi, tous les Turcs te suivront, et n'oseront contredire à ta sainte entreprise. Les Syriens, Égyptiens, Arabes, Libyens, tout l'Hellespont, et Euphrate, et tout ce que tu possèdes en Europe t'accompagnera, que fera le baston de jonc d'Égypte, quand il entendra que tu seras Chrétien ? Que fera l'Arabe dépourvu, et le nu Assyrien ? A ceux là sont voisins les Éthiopiens qui sont sous l'Empire du Prêtre Jean qui est aussi Chrétien. Et n'auront pas moyen de nuire aux dits Éthiopiens ni autres Provinces, car les Éthiopiens leurs peuvent ôter le cours du Nil, et le peuvent aussi lâcher avec telle véhémence, qu'il engloutira en un moment toutes leurs villes en un monceau, voire submergera de sa furie toute l'Égypte lorsque la Comète caudée apparaîtra qui est sur le climat d'Espagne.

Les Siciliens de l'autre coté se saisiront de la Mauritanie, s'alliant avec les Castillans et Genevois.

Outre cela, tu n'es pas ignorant combien sont puissantes en guerre navale les navires occidentales, et qu'elle frayeur en reçoivent les Tyriens, Alexandrins et autres régions Orientales, quand les galères Chrétiennes abordent en leur pays.

Si donc ton autorité, ta magnanimité de cœur, ta dextérité d'esprit, et ta fortune te rendent tant admirable à ceux qui suivent ta religion Mahommetique, ce sera bien autre chose si tu t'allies avec nous, car en peu de temps tout l'Orient sera fait participant de la grâce Évangélique, vois donc comme une seule volonté qui est tienne peut convertir tout le monde. Si tu veux recevoir le baptême qui est le caractère de notre foi.

CHAPITRE VIII

La fin donc de toutes émotions de guerres cruelles, gît en ton seul vouloir, et a bien la puissance de ton arbitre, de procurer au monde un si grand heur, tel que malaisément on le pourrait exprimer.

Que si quelqu'un d'aventure s'ingère de me demander

comment cela se fera, que par la conversion des Turcs à la foi de Jésus-Christ, tout le monde puisse être en repos et tranquillité, veut que les Chrétiens ne peuvent entre eux conserver la dite paix, comme il se voit par toute l'Italie, France, Allemagne et autres Provinces où la guerre est ouverte.

Je répondrai, que du temps d'Octaviam Empereur de Rome, la paix universelle fût publiée par tout le monde, telle que jamais ne fût, et ne sera, car c'était un don de Dieu spécial, du fait que le fils de Dieu descendait en terre qui apportait la paix à tout le monde.

Mais au reste, si par le pays d'Italie, France, et Germanie se trouvent noises, querelles et différents, il faut estimer qu'il est bien difficile voir impossible (sans la spéciale grâce de Dieu) de maintenir toutes choses tellement en paix, que quelques affections désordonnées ne règnent.

Car tantôt l'un est poussé du vent d'ambition, tantôt l'autre est touché du désir de biens mondains, tantôt l'autre est frappé du mauvais appétit de volupté, si bien que toujours on trouve matière assez suffisante pour émouvoir noise, et susciter guerre et sédition.

Pourtant on ne trouvera point entre les Chrétiens, actes tant cruels et inhumains, comme on trouve entre les Turcs contre les Chrétiens pour la diversité de religion.

Car le Chrétien contre le Chrétien ne dispute que pour des bornes et limites de quelque Royaume, Province, et Seigneurie, pour entreprendre quelque juridiction sur son voisin.

Mais le débat du Turc contre le Chrétien, est pour le fait de la religion, de la liberté, et de la vie.

Ceux qui sont entre les Chrétiens vaincus par droit de guerre, et posent les armes, ne sont pas pourtant privés de la vie, ou de leur liberté, ni quelquefois de leurs biens.

Les princes sont seulement dépouillés de leur Seigneurie, et quand les sujets reçoivent un nouveau Seigneur, pour cela ils ne changent d'autre chose.

Mais en la guerre contre les Turcs infidèles, si on ne fait perdre la vie à ceux qui sont vaincus par les Barbares, on les enchaîne pour le moins si étroitement, qu'ils sont rendus esclaves, et souvent contraints de renier la foi et le baptême.

Ô maudite guerre, cruelle et barbare, laquelle se peut modérer par ton simple vouloir comme nous t'avons prédit, de cela un repos s'ensuivrait, et la paix universelle que tout le monde désire, il n'y a aucune comparaison des autres émotions de guerre avec celle-ci, de laquelle nous conférons avec toi. Car toute autre guerre a apparence de sûreté et de paix, et si la tienne prend fin, l'autre sera bientôt assoupie, en raison d'un Prince qui de son clin d'œil apaisera toutes injures particulières, tel que nous espérons que seras si tu te veux faire Chrétien avec ta suite, et puissance, considère maintenant quelle louange tu auras en recevant le Saint Baptême : comme tu seras réputé illustre et excellent en l'Église de Jésus christ.

Qu'est ce qui t'empêche ? d'où procède ton retardement ? qui te détourne de cela ? que crains tu ?

Peut être que tu es débauché d'une si sainte entreprise, par la clameur de tes Princes, et familiers, qui te proposent divers dangers où ils disent que tu tomberas, afin de te mettre en défiance, et te diront :

Que penses-tu faire (ô Prince magnanime) à quel but tend ton intention ? de quelle part dresse tu tes desseins ? Te veux-tu faire et recevoir le baptême ?

Tu ne regardes pas le danger où tu te fourres. Tous tes sujets t'abandonneront, et tu seras bien ébahi qu'en pensant devenir heureux, tu deviendras misérable, et méprisé, n'es-tu pas né Turc ? veux tu renier ton nom et quitter ta religion ? n'a-tu pas été nourri et élevé parmi nous ? qui t'a fait grandir sinon la main forte des Turcs ?

Les Turcs ne sont-ils pas les souverains dominateurs, de toute l'Asie et de toute la Grèce ? Sont ce pas les Turcs qui conduisent tes armées ? sois certain qu'aussitôt qu'ils entendront courir le bruit de ton changement de religion, ils te chasseront à coups de bâton, et substitueront un autre Empereur en ton lieu, tellement que restant dépouillé de tes biens et états, tu seras le plus abject, et misérable homme d'entre les Chrétiens, et certes justement, car qui est le Turc de si lourd entendement qui renonce à sa loi, et ne désire plutôt mourir, pour la défendre ?

Quant à nous sache que c'est notre résolution et notre vœu de plutôt mourir, foudroyé et accablé que de quitter la loi de notre Mahomet.

Tels et semblables propos pourront discourir tes familiers, qui te sembleront de grande importance, mais je te veux donner un antidote qui remédiera à telles objections et persuasions.

Je te donnerai pour le remède le plus prompt ta propre personne, car tu connais toi même de quel humeur sont tes familiers et Conseillers, tu as peu éprouvé la fidélité, de ceux que tu as commis aux charges de tes Royaumes et Provinces, tu connais l'affection que chacun te porte, et la volonté que les Princes de ta court ont envers toi.

Tu as pu apercevoir à la longue quel est l'esprit qui les manie, s'ils s'emploient utilement et fidèlement en leur charge au profit de ton Empire.

CHAPITRE IX

Or un Trophée mémorable ne se peut jamais célébrer sans quelque danger, à cause qu'une chose est estimée de vil prix, si on l'acquiert sans travail et labeur.

Il te faut donc user de circonspection et diligente remarque. Ce que toutefois tu ne feras sans peine et grand soin.

Prends conseil de tes amis, mais regarde premièrement de sonder tacitement l'affection et le cœur d'un chacun, le naturel humeur de ceux que tu choisiras pour prendre leur avis. Puis retiens de ton conseil étroit ceux desquels la fidélité te sera connue, et desquels la prudence trouvera crédit envers toi pour son mérite.

Tu as en ta court, un petit nombre de gens à ton service, qui ont autrefois été Chrétiens, lesquels bien que circoncis, si n'ont-ils pas oublié totalement le nom de Chrétien, et ne l'ont pas à mépris. Tu pourras commettre à ceux là, toute la super intendance de tes affaires, et de ton train, voir le gouvernement de tes Provinces, si tu les connais être fidèles à ta Couronne, et affectés à l'exaltation de ton nom, et conservation de ton honneur.

Quand tu auras ainsi disposé des Offices de ton Empire, tu les trouveras toujours prompts et obéissants à ton service.

Tu as entre autres sous ta Juridiction les Arméniens ou Jacobites. Qui sont de profession Chrétienne. Bien que non totalement répurgés d'erreur. Desquels tout le désir et souhait est, que tu sois de leur religion, que tu adores le vrai Dieu, lequel ils confessent et croient être le vrai, seul, et unique rédempteur, et créateur.

Si tu étais de leur profession, il leur en serait de mieux.

Car ils ne seraient pas tant vexés de tributs, exactions, et servitudes, ne seraient ainsi exposés à railleries, contumelies, injures, et moqueries.

Et comme esclaves ne seraient affligés, tirés, et traînés à suivre les guerres pour être exposés aux brèches, et carnages sans armes ni plastrons séparés de leurs femmes et enfants.

Lesquels enfants (chose digne de lamentation) leur sont ôtés, et ravis pour être menés en ton sérail, et y être circoncis, et instruits en la Loi Mahommetique.

Ce qui surmonte toute infélicité des Parents, qui ne peuvent contempler cela sans extrême regret, à savoir non seulement les corps de leurs enfants souffrir telle peine, mais qui plus est, leurs âmes tomber au précipice d'éternelle damnation.

Ce qui est encore plus inhumain, est qu'on ne leur permet de se complaindre et jeter larmes et pleurs pour tels outrages, car ils sont aussitôt menacés de supplice cruel.

Qui fera doute que pas un de ceux là ne t'aient en horreur, et ne te pourchassent mal ?

Ce n'est pas le naturel instinct de l'homme, désirer du bien à celui qui lui fait du mal. Qui s'ils se voyaient que tu te fusses rendu Chrétien, on ne pourrait exprimer la caresse, et la bonne chère qu'ils te feraient. Tout leur désir, serait de te voir heureux, mettraient peine d'augmenter ta gloire de toute leur puissance, et se présenteraient avec leurs enfants à ton service.

Ils sont en grand nombre, et ont telle constance en leur Foi, que si tu gagnes leurs cœurs avec clémence et douceur, et les apprivoises par prudence, tu n'auras jamais regret au cœur, ni honte ou vergogne en ta face, d'avoir quitté la Loi Mahommetique.

Car quand ils te verront converser avec les Chrétiens leurs semblables, ils seront tellement encouragés à ton service, et prompts à faire ta volonté, pour la conservation de tes couronnes et de tes biens, que jamais ils ne reboucheront, et y dussent-ils laisser la vie.

Je te prie de ne te persuader que je forge ici quelques mensonges, ou choses non entendues, le chemin est tout frayé de ceux que nous te proposerons pour exemples.

Par ce chemin battu sont passés devant toi plusieurs Monarques et Rois.

En France Clovis Roi idolâtre et Païen se fit Chrétien, et avec lui les Princes et Seigneurs de la Court reçurent le saint Baptême.

Le Roi Etienne de Hongrie fut ainsi réconcilié à Dieu par le sacrement du Baptême, et y fit condescendre tous ceux de son Royaume.

Les Wisigoths, qui ont si longtemps régné en Espagne, et n'est encore leur race périe jusques à présent, abjurèrent l'Arianisme avec leur Roi Reccaredus fils de Lemulgide, et firent profession de la Foi Catholique, à la prédication et persuasion de Léandre.

Les Lombards avec leur Roi Aigilulphe quittèrent l'Idolâtrie, et se soumirent à la loi de Jésus-Christ, par la persuasion de leur bonne Reine Theudelinde.

Les Ibériens de l'Asie, avec leur Roi, Reine, et tout le sang Royal furent convertis à la prédication d'une femme captive du temps du grand Constantin, laissant la superstition de leurs Idoles.

Mais nous sommes trop simples de nous amuser au récit de tant d'exemples, et laissons derrière ce qui est plus digne de toute admiration.

Ce même Constantin grand Empereur et Monarque, t'enseignera ainsi qu'à tes semblables, le chemin qu'il faut tenir sans défiance.

Tous les Empereurs ses prédécesseurs avaient été Idolâtres, et Païens (Philippe excepté) et adoraient Jupiter, Mercure, Apollon, Hercules et autres monstres qu'ils pensaient être Dieux.

Aussi le Sénat Romain tenait cela pour une grande folie que d'adorer Jésus-Christ.

Les Édits rigoureux couraient avec commissions, d'enferrer, lier, garrotter, et enchaîner les Chrétiens qui ne voudraient sacrifier aux Idoles, et puis on les faisait cruellement mourir par supplices inhumains.

Il n'y avait rien plus contemptible au monde que le nom de Chrétien, c'était un nom rejeté, plein d'infamie, sous l'Empire de Néron, Domitien, Dioclétien, et autres.

On ne se pouvait saouler des peines et tourments infligés aux professeurs de celui-ci, le sang Chrétien était épandu par horribles carnages, et tâche était d'exterminer par tourments et glaives les Chrétiens.

Sur cela néanmoins Constantin ayant obtenu l'Empire, s'étant informé de la vérité par notre prédécesseur Sylvestre, à savoir comme les Diables se faisaient adorer sous forme d'Idoles ou Dieux, et comme il n'y avait qu'un Dieu Jésus-Christ en l'essence de Père, et du saint Esprit.

Qu'il n'y avait aucun salut sinon en l'Évangile.

Ne fit aucune difficulté d'accommoder sa foi à la vérité, et se fit Chrétien sans dilations, n'en consultant point l'avis du Sénat, pour savoir s'il l'en détournerait, ou si le peuple lui contredirait, si les Gouverneurs des Provinces, et Capitaines de ses gendarmeries l'abandonneraient, ou s'il serait en danger d'être débouté de l'Empire.

Ayant seulement sa confiance en Dieu, il fit publier un Édit, par lequel il commandait que tous généralement, depuis le petit jusqu'au grand, reçussent le saint et Sacré Baptême, et prissent le nom de Chrétien.

Et il fit étroit commandement à tous ses sujets, d'embrasser la foi des glorieux Apôtres, Saint Pierre et Saint Paul, comme ils l'avaient annoncé et prêché aux Romains.

Pour cette sainte entreprise, et pour ce salutaire changement de religion, on ne trouve point par le discours des Histoires, que mal lui soit advenu, au contraire, elles donnent témoignage de sa gloire, et bon heur en tout ce qu'il a depuis fait et entrepris, depuis qu'il eut fait portrait en son étendard la figure de la victorieuse Croix, telle qu'il avait contemplé au Ciel avec ces mots qui étaient à l'environ, En ce signe tu vaincras.

Aussi fût-ce par la vertu de ce signe de la Croix affiché sur la bannière Impériale, qu'il mit fin aux guerres civiles, qu'il surmonta ses ennemis, assaillit les Barbares, mit ses sujets en repos, fit son entrée aux Églises, convoqua les Évêques au Concile, extirpa les hérésies, communiqua la lumière de l'Évangile aux nations étranges, et surpassa tous ses prédécesseurs, et successeurs Empereurs Romains en honneur et en gloire, fut respecté par les Grecs et Latins, gouverna l'Empire l'espace de trente ans avec toute félicité, mit son siège Impérial à Bizance ville de Grèce, la fit ceindre de murs, réparer et fortifier, y mit garnisons et y fit bâtir plusieurs Églises, la nommant de son nom Constantinople, puis étant sur l'âge plein de mérites, et bonnes œuvres, fit son testament, par lequel il ordonna à ses enfants Empereurs apres son trépas, et s'étant muni des Sacrements Ecclésiastiques, rendit esprit à Dieu, comme un bon et fidèle Chrétien en la ville de Nicomédie.

Or maintenant je te prie de me dire, que pouvait ce bon Empereur souhaiter d'avantage en ce monde, se voyant Monarque universel, avoir vécu si bel âge, sans se sentir vexé ou cassé de maladie, avoir été victorieux sur tant d'ennemis (ce que les hommes imputent à grand heur et félicité) délaisser si belle lignée bien instruite de bonne nature, et de fortune heureuse ?

Par quoi on ne doit trouver étrange si nous lui portons tel honneur et révérence puis que nous croyons qu'il est associé avec les bien-heureux en Paradis, qui règnent en gloire perpétuelle avec Jésus-Christ, auquel il a fait pendant le cours de sa vie tant humble service, en procurant par tous moyens que la Chrétienté fût dilatée.

Que s'il y a (témoin l'Orateur Ethnique) un certain lieu au ciel, et retraite ordonnée pour ceux qui ont aidé, secouru et augmenté le pays où ils jouissent de repos éternel.

Qui empêchera d'en juger autant de ceux qui se sont employés à la dilatation de la foi, et de l'Évangile, qu'ils ne soient logés en la région céleste aux lieux préparés selon leurs mérites et labeurs, comme nous croyons que Constantin y a meilleure part.

Par quoi tout ainsi qu'en ce monde nous savons qu'il est prévenu, et doué de grande félicité, aussi le croyons nous maintenant vivre heureusement en la gloire.

Et avons bonne espérance, que si tu te veux orner de mêmes fleurs, et mérites que Constantin, en suivant sa foi, et te conformant à la Loi Chrétienne, te proposant ce grand Monarque pour patron et exemple journellement devant tes yeux, il adviendra que tout ainsi que les Romains avec leur Prince Constantin ont reçu le baptême, et embrassé le Christianisme, aussi les Turcs se feront avec toi baptiser.

Ton empire sera renommé sur tous autres, et ton nom ne sera jamais effacé.

Les langues Latine, Grecque, et Barbare, ne cesseront de te louer, et n'y aura entre les vivants un seul qui te puisse en puissance, je ne dirai pas, devancer, mais encore égaler.

CHAPITRE X

Nous te promettons choses merveilleusement exquises, mais tu en dois encore attendre de plus excellentes.

Car nous ne t'avons parlé que d'un Empire, d'une puissance et domination terrienne, d'une gloire transitoire et caduque.

Mais tout cela n'est rien, ce n'est que vent, paille, et fumée.

La règle est générale à tous, qu'il faut mourir, car toutes choses créées prennent fin, et toutes choses qui naissent envieillissent.

Le cours de la félicité humaine ne peut être long. Car tout Empire va en ruine et décadence, et tout tend à corruption.

Il n'y a aucune puissance qui soit éternelle, elle est de peu de durée.

Quoique la remémoration des actes vertueux et héroïques ait quelque apparence d'immortalité, si est-ce qu'ont les voit souvent tomber en néant.

Bref il n'y a rien entre les mortels qui ne soit mortel.

Le temps ronge et consume toutes choses, bien que le renom s'étende jusqu'à plusieurs âges d'hommes.

La seule remémoration de nos bienfaits nous réjouit et nous rend immortels.

Puisque si l'homme est condamné aux peines d'enfer après la mort, que lui profite la renommée qu'il a acquise au monde, tant fût elle de longue durée ?

Que si l'homme est fait participant de la gloire éternelle, il n'a aucun souci si on le loue, ou si on le béatifie en ce monde, puisqu'il est en joie perpétuelle, laquelle est consommée et accomplie en tous biens et plaisirs.

La race et noblesse de nos ancêtres, peut apporter quelque crédit aux enfants.

Mais c'est bien plus grande gloire (pendant qu'on est encore en vie) de laisser aux neveux un héritage de Vertu, qu'amples possessions et richesses, à cause qu'ils en seront plus consolés et beaucoup mieux respectés.

Il est vrai que cela est tolérable d'amasser des biens avec sollicitude, mais telle sollicitude doit marcher après une autre qu'on doit avoir de thésauriser des biens de plus grand prix, et de plus longue durée, lesquels demeureront en propriété à jamais, et n'aura-t-on point crainte d'en être dépossédé.

Les Philosophes, que l'antiquité a nommé Péripatéticiens, ont fait état de trois sortes de biens, dont les uns sont de l'esprit, les autres du corps, et les autres de fortune qui sont extérieurs.

Mais les Stoïques ont arrêté que les vrais biens sont proprement ceux qui ornent l'esprit, et sont dons spirituels, comme le sont Justice, Tempérance, Force, et Prudence.

Et n'ont voulu recevoir au nombre des vrais biens, la beauté du corps, la nervosité ou force des membres.

La Noblesse de lignage. Les richesses, ou autres choses qui ne dépendent de notre volonté, et ne peuvent béatifier le possesseur.

Car les quatre susdites vertus qui sont réputées principales, ne peuvent donner à l'homme un repos d'esprit, si elles ne sont conjointes avec les Théologales, qui ont leur siège en l'Âme, à savoir, Foi, Espérance, et Charité.

Car qui n'a espérance d'obtenir la vie éternelle, est nonchalant, déconforté, et n'a aucun courage de faire bon fruit.

Aussi est-il impossible de plaire à la divine majesté sans la foi qui est le suprême bien de l'homme, et le seul but où il doit tendre.

D'ailleurs la Charité enflambée de l'amour divin est tant curieuse, qu'elle veut pourvoir à l'Âme, y mettant telle police qu'elle veut que nous commencions à la notre propre, après, celle de notre prochain, suivant le commandement de la Loi.

CHAPITRE XI

Si donc nous aspirons tous en général à ces biens de l'esprit, et si pour les obtenir nous avons besoin des vertus Théologales et morales concomitantes, nous ne disputerons plus avant de cette matière avec la loi Mahommetique.

Il y a autre chose qui nous tient en différent, car il faut que ta loi confesse, qu'après cette vie mortelle, il y en a une éternelle, pour laquelle la foi est nécessaire à son obtention.

Mais je crois que ta loi ne voudra pas avérer, que ce soit celle que nous avons reçue du Saint Baptême.

Elle reconnaîtra bien la charité, mais elle ne la voudra recevoir dépeinte de ses couleurs, ou telle que nous la décrivons par ces offices, elle confessera bien que sans espérance, l'homme peut prospérer et bien vivre, mais elle ne lui voudra donner telle définition, mais la voudra attribuer à une autre fin.

Par ce moyen la difficulté restera aux choses, comment la paix s'entretiendra elle entre les hommes ?

Or si faut-il que cette contention prenne fin, il faut que nous te montrions le moyen, comme tu pourras être par la foi de Jésus-Christ, vrai héritier et possesseur des biens éternels, et tu feras le salut de ton âme qui est immortelle.

Nous sommes bien informés, que si tu as un grand désir d'être terrien, et d'être vu magnifique et glorieux, tu n'as pas pourtant mis en oubli le salut de ton âme, aussi est ce que tu dois procurer, plus que tout autre bien.

Et si je crois que tu n'as pas envie de te ranger au nombre de ceux qui ont songé avec Épicure que l'âme périssait avec le corps, encore moins es-tu du nombre de ceux qui ne croient pas un Dieu, tels qu'ont été en Espagne jadis les Calleciens qui ne se reconnaissaient point de Dieu, et n'est pas de l'opinion de Protagoniste qui doutait qu'il y ait un Dieu ou non, lequel ayant mis son doute par écrit, aussitôt qu'on l'eut lu, il fut condamné comme méchant et mal-heureux, et fût banni d'Athènes, même son livre qui contenait tel erreur fut brûlé en plein marché.

Possidonius a laissé par écrit que le philosophe Épicure n'a point voulu confesser un Dieu, et disait que ce qu'il avait écrit des Dieux, n'était que par manière de parler pour éviter l'envie.

Vraiment une tant maudite assertion n'est point inventée d'un esprit bien rassis, mais de quelqu'un privé de raison, et rempli d'ignorance, comme dit le Psalmiste.

Le fou a dit en son cœur, il n'est aucun Dieu.

Tu n'est pas à mon avis tant barbare et dénaturé, et tu n'as pas encore franchi les bornes de la raison, tant impudemment, que tu crois que le ciel soit sans quelque moteur, et recteur, et tu n'as pas opinion, que toute la machine de l'univers tant belle et bien réglée soit faite fortuitement.

Je crois plutôt, que tu confesses le Dieu même que nous adorons, et que tu crois en celui qui a créé le ciel et la terre, et tout ce qui est compris en elle, lequel ne délaisse point ses créatures.

Nous présupposons bien d'avantage, à savoir, que tu n'es point tant ignorant, que tu ne crois les âmes être immortelles, et incorruptibles, et que se retirant des corps elle s'en vont en une autre région, où les bonnes reçoivent le salaire de leurs vertueuses œuvres, et les mauvaises vont au supplice d'enfer pour y subir la peine de leurs démérites.

C'est ce que notre Évangile non seulement nous annonce, mais aussi ta loi l'enseigne, et bien que grandement elle erre, en ce qu'elle dit, les biens temporels échoient aux humains par cas fortuit.

CHAPITRE XII

Socrate, Platon, et Aristote princes des Philosophes ont eu une même opinion que nous, en ce qui est du gouvernement du monde, l'immortalité de l'âme, et essence de Dieu, bien que plusieurs mystères de notre foi leurs ayant été inconnus et cachés à cause qu'ils n'étaient encore effectués.

Les propos de Platon sont tels :

Il faut ajouter foi (dit il) aux anciennes, et sacrées écritures, qui nous assurent que l'âme est immortelle, et qu'elle a des juges après son département du corps qui la condamnent à peines très griefs, si elle a mal vécu en ce monde.

Cette autorité est trop évidente et n'a besoin de ta curieuse recherche et examen, puisque tu confesses par ta loi, qu'il y a un Dieu qui connaît toutes choses, lequel est souverain juge de tout le monde, elle confesse aussi que les âmes délivrées de la prison corporelle, doivent en l'autre vie recevoir le loyer ou supplice selon leurs mérites ou démérites.

Ce qu'étant de mutuel consentement accordé entre nous ne reste plus sinon considérer, quelle folie c'est de négocier en ce monde, et mettre son affection aux choses caduques et terriennes, pour laisser les choses célestes, de donner au corps aise et plaisir, et de laisser les âmes du danger.

Si nous pouvions atteindre les âges de Mathusalem et de Nestor et que nous eussions lettres de vivre aussi longuement qu'ils ont vécu, encore tout ce temps là nous devrait-il sembler court et bref, attendu que toutes choses créées sont de peu de durée à la comparaison de l'éternité.

Combien en trouvons nous qui soient parvenus jusqu'au centième automne, ou qui aient atteint l'âge de quatre vingts ans ?

La vie de l'homme (dit le Psalmiste) ne s'étend que jusqu'au 70 ans en vigueur et chaleur naturelles, et si elle va jusqu'aux 80 ans, le surplus n'est que labeur et douleur, fâcherie, et ennui, bien que peu encore parviennent jusqu'à l'âge complet.

Combien voyons nous de jeunes et robustes, assommés de maladie ?

Bref le nombre est bien petit de ceux qui franchissent les bornes de la jeunesse.

La vie de l'homme, tout ainsi qu'elle est incertaine, aussi est-elle fort courte, et étreinte, attendu les dangers innombrables qui se présentent, et tant de périls de mort qui journellement sont en embuscade, tellement qu'il ne faut rien pour détourner notre cours.

Dieu nous appelle et retire quand il lui plaît et quand il veut, et lorsque nous y pensons le moins, nous sommes ajournés à comparaître en personne, lequel ajournement est de telle énergie, et vertu, qu'il ne reçoit aucune excuse, il lui faut promptement obéir et sans contradiction, pour rendre compte au grand Juge de sa négociation, ô que ceux là sont bien avisés et prudents qui ordonnent et disposent tellement de leur vie, qu'ils s'en partent joyeusement et sortent avec plaisir spirituel hors de ce monde aussitôt qu'ils sont appelés pour aller au devant de l'époux venant à son jugement, non troublés ou offensés de quelque remord de conscience.

Ce jour du Jugement est plein d'effroi, d'horreur, et épouvantement, il ne sera plus loisible de chercher occupation de bien faire pour mériter, car l'espérance et désespoir dépend des actions précédentes, et alors n'aura lieu la supplication ou requête, ni la dénégation de son péché.

CHAPITRE XIII

Reste donc maintenant de se tenir sur ses gardes, et soigner de son âme, laquelle est après cette vie participante ou de gloire, ou de peine.

Que profite à l'homme (dit notre Sauveur Jésus-Christ,) s'il conquiert tout le monde et fait tort à son Âme, Quelle permutation peut-il donner pour le prix de son Âme ?

Car c'est par elle que nous vivons, nous sommes faits sages, et semblables à Dieu.

C'est la meilleure portion que nous ayons, précieuse sur toutes choses, laquelle délaissant le corps, se va rendre en une autre région.

Le corps rentre en terre, pour donner pâture aux vers, et se résoudre en cendre, étant privé de tout sentiment et mouvement, où il attend le grand et universel jugement, afin qu'il ressuscite, et se rejoigne à l'Âme, pour ensemble recevoir ou loyer ou supplice éternel, selon les œuvres qu'ils auront faites ensemble.

Quel gain reçoit maintenant Ninus pour avoir dompté toute l'Asie, et sa femme Sémiramis ?

Quel émolument tire Denys de tous ses voyages et conquêtes ?

Ou Hercules pour avoir tant travaillé, et passé jusqu'aux Indes ?

Ou Idanthyrse pour avoir subjugué toute la Scythie et l'Asie ?

Que sert à Nabugdonosor d'avoir traversé jusqu'aux Iles de Gades ?

Ou à Osiris d'avoir abandonné l'Égypte pour passer en la Syrie, et Asie, et avoir mené en Thrace sa gendarmerie ?

Que sert à Agamemnon d'avoir brûlé Troie ?

A Cyrus d'avoir érigé en Empire le Royaume des Perses ?

Qu'a profité au grand Alexandre d'avoir ruiné le susdit Empire des Perses, et avoir conduit son armée jusqu'aux Hypasiens du coté d'Orient, et jusqu'au Fleuve Iaxartes qui est aux fins, et limites de Septentrion ?

Qu'a servi à Hannibal d'avoir tant vexé, et affligé l'Italie, ou aux Scipions d'avoir détruit Carthage, à Pompée d'avoir triomphé des Rois d'Orient ?

A Jules César d'avoir surmonté les Gaules, et d'avoir par force usurpé l'Empire Romain ?

Qu'a profité à Attila Roi des Hongres d'avoir conquit la Pannonie, et de s'être rué sur l'Italie ?

Ou a Tamburlan d'avoir réduit en cendre les villes d'Asie, et de Syrie, et d'avoir fait passer au fil de l'épée les nations, mis tout à feu et à sang, et avoir obtenu victoire contre ton aïeul ?

Qu'a servi à ton Père Amurathes, d'avoir triomphé des Grecs et des Hongres ?

Qu'a profité aux autres Monarques, et Empereurs d'avoir tant travaillé pour s'acquérir renom et gloire en ce monde, s'ils sont morts sans la connaissance du Dieu vivant, et hors la confession de la foi, puisque leurs âmes sont maintenant tourmentées en enfer, cependant qu'on chante leurs louanges en ce monde ?

Mais quel plaisir peuvent ils recevoir en leurs tourments ?

Quel goût peuvent-ils trouver en la gloire du monde, puisqu'ils sont plongés en un abîme de douleurs ?

Or il ne faut point écouter ceux qui disent qu'ils ont quelque relâche ou repic de leurs peines, et reçoivent quelque consolation.

Car plaisir et douleur ne peuvent habiter ensemble, tristesse et joie ne se peuvent accorder, malheur et bonheur ne se rencontrent.

Au ciel est la parfaite et consommée félicité, en enfer est le comble de toute horreur et misère. Si on a pris là son logis, toute la gloire acquise par actes héroïques, et faits d'armes généreux qui est restée au monde, ne peut apporter aucun allègement aux peines qu'on y souffre.

Puisqu'ainsi est, notre but donc principal doit être, de pourvoir au salut et repos de nos âmes, afin qu'elles ne soient privées de gloire, et félicité qui est leur dernière fin, et à celle-ci elles sont destinées, voire ont été créées pour l'obtenir, après la dernière période de cette vie passagère, qui nous est bien certain, et incertain, il nous est certain car nous l'attendons d'heure en heure, et doit certainement arriver, mais il est incertain, car nous sommes ignorants de l'heure de notre trépas, et du jour de notre départ, qui doit être muni et garni de bonne œuvre, et nous convient si bien réglé, et dresser nos actions, et cogitations pour complaire à la divine majesté, qui est notre souverain bien, et dernière fin, que nous puissions l'obtenir pour jouir du comble de tout heur.

CHAPITRE XIV

Pour parvenir donc à la fin dont nous t'avons parlé, il faut avoir la foi qui servira de guide, et puis il faut la décorer des œuvres de Justice.

Car ce n'est pas assez d'avoir la foi, qui n'a les œuvres de Justice, comme ce n'est rien d'avoir les œuvres, qui n'a la foi.

C'est pourquoi Saint Paul dit :

Que le juste vit de la foi, et que sans la foi il est impossible de plaire à Dieu.

Ta loi enseigne, (comme on dit) que tout homme peut être sauvé en sa religion, s'il converse chastement, et en Justice, et n'abandonne point la loi de Mahomet pour en prendre une autre.

Si est-ce qu'on dit que ta même loi enseigne (afin qu'on voit combien elle est pleine de contradiction) que nul exclu de celle-ci peut être sauvé.

Or nous ne signerons pas cette proposition, car nous sommes très-certains, et fort bien assurés, que le vrai sentier de la vie éternelle est ouvert à ceux qui embrassent la foi et décorent le nom Chrétien de bonnes œuvres, et avons fidèle témoignage en l'Évangile, où la Vérité est dite.

Qui croira, et sera baptisé, sera sauvé, et qui ne croira pas sera condamné ?

Si tu confesses donc qu'il y a une vie après celle-ci, et as désir d'être sauvé, et faire le salut de ton âme, il faut nécessairement que tu te ranges à la foi de l'Église Romaine, hors laquelle nul ne peut être sauvé.

Il faut aussi que tu reçoives le baptême, car par ces deux clefs, à savoir la foi et le baptême, les portes de la vie éternelle sont ouvertes, moyennant que la foi ne manque de bonnes œuvres lesquelles la font vivre, car autrement elle serait morte.

Prête donc l'oreille à entendre et suivre la doctrine de Jésus-Christ en laquelle aucun mensonge n'est contenu.

A laquelle aussi tu penses contredire, et veux préférer ta loi Mahommetique à notre loi, en voulant exalter ton beau Mahomet imposteur, tu te confonds et t'abuses.

C'est pourquoi dès le commencement, nous t'avons humblement supplié de nous écouter, et recevoir nos allégations et raisons.

Ce que de nouveau nous te prions de faire, et nous faire tant de faveur et de grâce, que d'ouïr nos discours de tes oreilles, tant intérieures qu'extérieures, avec une modestie et tranquillité d'esprit.

Principalement ce point que nous te voulons proposer qui est de conséquence, et a bien besoin d'un bon et entier jugement.

Car voici l'heure, que nous mettrons la main à la hache pour approcher de l'arbre infructueux.

Sois maintenant donc attentif à l'ordre des choses que nous te voulons proposer, pour te faire connaître le mystère de notre foi. Écoute patiemment la Vérité, laquelle ne trouve pas souvent lieu au palais des Princes.

CHAPITRE XV

Alexandre le Grand tourmenta le philosophe Callisthenes de divers genres de tourments, et puis le fit ferrer en prison, à cause qu'il n'avait voulu fléchir son genoux pour l'adorer, disant qu'il appartenait à un seul Dieu.

Il transperça aussi Clitus d'une lance, à cause qu'il exaltait grandement les prouesses et actes héroïques de Philippe Macédonien son père.

Les exemples intimident les hommes, et les rendent passionnés. On voit que les flatteurs et Parasites ont vogue, et sont plus chéris que ceux qui soutiennent la vérité.

Tellement que les plaisanteurs qui controuvent des bourdes pour rire, sont gens de bon esprit, et prisés merveilleusement.

Si est-ce que nous lisons d'Antigone, qui succéda au dit Alexandre au Royaume de l'Asie, qu'allant un jour à la chasse en habit dissimulé, se sépara de ses gens, et s'écartant tout seul, s'en alla prendre un logis chez un pauvre rustique, où il gisa la nuit sous un pauvre toit buvant et mangeant avec le pauvre villageois et sa petite famille.

Or en devisant familièrement, le Prince déguisé interrogea ce Rustique sur ce qu'on disait du Roi Antigone.

Le bon homme lui en dit tout ce qu'il en avait appris, et ce que le vulgaire en disait, sans rien épargner.

Ce fût là que Antigone oyant ces vices taxés et blâmés, et ses tyrannies, et excès decriés, aussitôt qu'il fut levé, voyant ses gens à la porte qui le cherchaient, lui apportant sa robe Royale, commença à leur dire,

Donnez moi ardemment mon habit de pourpre, car jamais je n'ai entendu qui j'étais que cette nuit.

On dit que Auguste pleurait amèrement la mort de Varus, en raison qu'il ne trouverait plus un tel homme qui lui dise franchement la vérité.

Que si nous renvoyons aux Philosophes qui sont peu estimés en biens et richesses temporelles, mais au reste vrais amateurs de Sapience, du fait qu'ils ne se laissent séduire par la volupté piperesse, l'inquisition de la vérité, afin de lui donner main forte, Ce sera une grande honte à un homme de s'éloigner du sentier de Vérité, principalement à un Roi, lequel s'il ne la peut de soi-même comprendre, doit pour le moins avoir auprès de soi des précepteurs et maîtres qui puissent lui enseigner, et ne doit être négligeant de leur demander.

Cela lui étant bien séant d'écouter parler les Sages, et de n'être point honteux d'apprendre, ce dont il est ignorant.

Hésiode dépeint trois genres d'hommes, les premiers sont ceux qui savent et connaissent tout par eux-mêmes.

Les seconds, sont ceux qui prêtent l'oreille aux bons et honnêtes discours.

Les troisièmes sont ceux qui enseignent ce qu'ils ont appris.

Si est-ce qu'on ne peut plus lourdement errer, et avec plus grand danger, que quand on ne veut croire aux choses qui sont de l'essence de la foi, car c'est là où on ne peut trouver plus utile, et nécessaire vérité.

C'est ce que le Philosophe Aristote écrivait à Antipater de son disciple Alexandre, auquel il avait instruit, de jamais ne s'élever ou se glorifier pour toutes ses victoires et conquêtes, ni pour sa brave gendarmerie, avec laquelle il avait obtenu l'Empire de tout le monde, mais d'avoir toujours cette considération.

Que celui qui a bonne connaissance de Dieu, et sentiment de l'équité, n'est point moindre qu'Alexandre, nonobstant toutes les conquêtes qu'il a faites des Royaumes, terres, et seigneuries.

Le même Philosophe dit en ses Éthiques :

Que c'est celui qui est vraiment estimé sage, qui est aimé de Dieu.

Or il ne faut point penser, que quelqu'un soit sage, s'il est séparé et retranché de l'union et foi Catholique.

Tout législateur donc, n'a pas sainement jugé, et toi encore moins, des choses qui sont de l'essence de notre foi.

Par quoi si tu veux ouïr celui qui se délibère t'enseigner des choses salutaires, tu feras sagement, et si tu ne veux, le dernier jour en fera la raison.

Mais si tu écoutes patiemment ce que nous voulons te faire entendre, tu nous donneras un bon signe, que tu n'es point obstiné, et ne le veux pas être, au contraire que tu es plutôt prêt à entendre la vérité.

Si tu fais ce que nous t'écrivons, tu seras à bon droit, estimé sage, je ne sache pas homme sur terre qui ne soit convoiteux de Sapience, et n'aie désir d'être sage, personne n'abhorre Sapience, personne ne la rejette en arrière.

Or le premier degré de Sapience est, de ne vouloir errer, au contraire promptement obéir et écouter parler la vérité, aux choses spécialement qui concerne le salut des hommes, de quelle sorte est notre religion, laquelle dresse sa visée à la possession de la vie éternelle.

Écoute donc maintenant la Vérité selon notre foi, et notre commune religion.

Et si tu t'aperçois, que nous n'écrivons choses véritables, alors tu nous condamneras librement comme faussaires, et de mauvaise foi.

Mais nous te prions de ne point juger notre parole être fausse avant que tu en aies eu certitude.

Nous te représenterons en peu de propos les hauts mystères de notre Loi Chrétienne, depuis le commencement du monde jusqu'à la mort et la Passion de notre Seigneur Jésus-Christ.

Puis après nous parlerons de ta Loi, afin de confronter le différent de la notre avec la tienne, et mettrons peine, moyennant la grâce de Dieu, de te montrer la vraie lumière, par laquelle tu puisses être conduit à la lumière qui éclaire à tout homme qui entre en ce monde.

CHAPITRE XVI

Après que Dieu le créateur, eut créé le Ciel, et la terre, la mer, la lumière, le Soleil, la Lune, et les autres Planètes, plantes, herbes, oiseaux, poissons, bêtes, et animaux, pour la consommation de son œuvre, il forma le premier homme Adam, et inspira en sa face l'esprit de vie, et fut fait en Âme vivante, puis l'ayant posé en un lieu de volupté, lui donna son semblable, à savoir Eve qu'il forma de sa côte pendant qu'il dormait. A tous deux il donna congé de manger de tous les fruits qui étaient au dit lieu de plaisir, hormis du fruit de prudence, et discrétion du bien et du mal.

Mais ayant contrevenu à son commandement, ils furent expulsés de ce lieu de volupté, et leur postérité a reçu malédiction en leur semence, tellement que nous sommes débiteurs de la mort qu'ils ont encouru.

Ils furent aussi bannis du lieu susdit, et condamnés à mener de là en avant une vie laborieuse, pleine d'ennuis et de misères.

De leur race est descendue toute la génération des créatures raisonnables, et ceux qui ajoutant encore mal sur mal, enflés de l'esprit de rébellion, méprisants la divine majesté, et ne lui voulant obéir furent submergés par une générale inondation, et déluge, Noé excepté, et sa femme, et six autres créatures qui furent, préservées dans l'Arche.

Par le moyen duquel après le déluge le genre humain fut réparé.

Car les trois enfants de Noé, Sem, Cham, et Japhet, ont été restaurateurs de l'humaine semence, après que les eaux du déluge se furent retirées, tellement qu'on trouve, que quatre mille hommes sont descendus, tant de la lignée de Noé, que de ses trois enfants avant la mort dudit Noé, d'entre lesquels plusieurs ont été réprouvé, comme méchants et pervers, nommément Nemroth fils de Cham, et les autres qui bâtirent en dépit de Dieu la tour de Babel, pour laquelle entreprise téméraire, tout le langage de la terre fût confondu et troublé, et ainsi départi par tout l'univers de façon que la dite confusion des langues, la poursuite du bâtiment fût intermise.

Les cinq Cités furent consumées de feu, souffre et foudre, pour les horribles crimes, et abominables péchés qui s'y commettaient.

Mais Abraham et Loth, qui furent trouvés religieux et dévotieux à Dieu en leur génération, furent élus et choisis.

Auquel Abraham tout le monde a reçu bénédiction, ayant reçu le Symbole de paix par la circoncision, il fut aussi trouvé irrépréhensible en toutes ses œuvres, et fût aimé de Dieu pour sa justice, et recommandé pour son obéissance, quand il lui fût fait commandement d'immoler son fils Isaac, lequel semblablement n'a forligné des traces de son père Abraham, et eut un fils Jacob autrement dit Israël, lequel engendra douze enfants, desquels sont issues les douze lignées, lequel ayant entendu que son fils Joseph (qu'il estimait avoir été dévoré par une bête) était constitué gouverneur, et super intendant sur tout le Royaume d'Égypte, s'en alla vers lui accompagné de ses autres enfants, et fût là multiplié le peuple Judaïque.

Puis après étant les enfants d'Israël grandement accrus, furent aussi persécutés, vexés de travaux insupportables et saoulés d'opprobres et contumélies, par la malice du Roi qui n'avait connaissance de la vertu de Dieu sur les enfants de Jacob. Mais ils furent délivrés de cette oppression, et servitude par la divine clémence, sous la conduite de Moïse et Aaron, qui les firent passer outre la mer rouge à pied sec, pour entrer au désert, où ils séjournèrent l'espace de 40 ans nourris et alimentés de la viande céleste.

Après leur fût donnée la loi, écrite du doigt de Dieu, en tables de pierres sur la montagne de Sinaï.

La terre de promission fut conquise non seulement par la conduite de Moïse, mais aussi par la prouesse et vaillantise du généreux chevalier Josué, et Juges qui furent élus après son décès, plusieurs desquels Juges ont été doués du don de prophétie.

Auxquels ont succédé les Rois et autres Prophètes pour la conduite, et direction du peuple, et nation Hébraïque, qui a toujours été conservée et préservée de toute encombre, et danger, non sans manifeste et évidence grâce de Dieu.

Quant aux Prophètes, ils ont été députés pour interpréter la loi, et donner au peuple documents salutaires, pour extirper les vices, et planter les vertus, par la bouche desquels plusieurs choses ont été divinement révélées, et les écrits ont donné connaissance des choses futures.

Or quand les Hébreux ont transgressé la loi, et se sont fourvoyés du sentier de leurs ancêtres, maux infinis les ont accueillis, Car les Chaldéens les ont reconduits en misérable servitude, comme aussi les Assyriens, Arabes, et Égyptiens, les ont molesté par guerre, et par armes, tellement qu'ils ont beaucoup souffert de tribulations, misères, et calamités.

Néanmoins à chaque fois qu'ils ont invoqué son saint nom, et se sont retournés à Dieu en vraie humilité, et pénitence, ils ont été délivrés de toutes afflictions.

Car la divine bonté ne méprise jamais le cœur contrit, qui se présente à elle, en toute humilité, et dévotion.

CHAPITRE XVII

Tout ce que nous t'avons proposé des saintes Écritures, t'est aussi manifeste qu'à nous, car ton Alcoran fait semblable narration, et en dit presque autant que nous.

Pourtant de commun avis il nous faut conclure, par ton consentement et le notre, que la loi des Juifs, est vraie et non fausse, et que par conséquent, Moïse, David, Salomon, Esaïe, Jeremie, Ézéchiel, Daniel, et tous les autres prophètes sont véritables, et que la foi des Juifs, qui ont devancé l'avènement de Jésus-Christ était certaine, et que les Gentils qui adoraient les idoles étaient aveuglé, et abusé, parce que devant l'incarnation de Jésus-Christ, le vrai Dieu s'était seulement révélé en Judée.

Nous ne voulons parler plus amplement de cette matière, puisque tu nous accordes tout cela, au moins si je ne suis trompé.

Mais je pense bien, que nous ne serons de même accord en ce qui s'ensuit.

Si sommes nous bien certains d'être illuminés, et que cheminant en lumière, nous ne pouvons choper à la pierre offensive, et notre souhait est aussi que toi-même n'y heurte.

Et afin de te garantir d'achoppement, nous te voulons éclairer, car tu es une créature raisonnable de Dieu, faite et formée par divine opération, à la semblance du Créateur, tu es son ouaille, mais tu es égaré du troupeau, hors du parc de la bergerie, tu cherches pâture aux herbages étranges, tu manges de l'herbe létale et empoisonnée, nous te cherchons pour te ramener au parc salutaire, à l'exemple de Jésus-Christ qui a délaissé au désert 99 brebis, et est descendu pour chercher la centième qui s'était égarée.

Car c'est pour nous une douleur nonpareille, qu'un si excellent personnage d'estoc et race illustre, tant renommé pour ses actes héroïques, gouverneur d'un si grand Empire, doué de tant de titres et beaux dons de nature, soit ainsi errant, et ne chemine le droit chemin, ignorant les commandements et la loi de Dieu.

Nous avons compassion de toi, nous déplorons journellement ton malheur et l'infélicité de tes sujets qui périssent avec toi.

Si ne puis-je croire, que tu erres à ton escient, car en contemplant ton naturel, je me persuade que tu es de bonne façon, mais je pense que l'ignorance de la vérité t'a bandé les yeux, et qu'elle te rend privé de bon sens, comme ont été tes ancêtres déçus par la même ignorance, lesquels étant fourvoyés, t'ont aussi fait égarer.

Tellement qu'il te semblerait être chose honteuse de forliger de leur vie, et les démentir en leurs actions, et tu t'estimerais déshonoré si tu ne les ensuivais, te plongeant avec eux au profond abîme d'ignorance.

Si faut-il plutôt craindre ce que dit Saint Paul, Que l'ignorant sera ignoré.

Que si tu es tant avisé et circonspect aux affaires qui ne sont de si grande importance, comme de te donner de garde que tu ne sois pipé ou circonvenu par tes ennemis.

Comment estime-tu cela être mauvais, que de se garder de piperie et falsification au fait de la Religion, pour laquelle retenir et embrasser tu devrais être autant affecté, comme tu sais bien, qu'avec un fort grand danger de ton salut tu commets contre elle quelque offense ?

Cela se peut faire, que l'ignorance de quelqu'autre chose peut préjudicier au gain temporel.

Mais errer en la foi, et vraie religion, est un notable dommage qui fait perdre le vrai bien duquel on doit être soigneux, à savoir la félicité de l'âme.

Ce que nous craignons qu'il ne t'advienne, par quoi si tu veux me croire tu trouveras bon, cet expédient pour te garantir de si grand danger.

Tu as déjà entendu les témoignages que nous avons produits de l'ancien testament.

Nous voulons maintenant te parler du nouveau, pour lequel nous sommes en contention.

Je te prie donc d'être attentif, à ce que nous voulons te proposer, car j'espère que si tu le fais, tu détesteras les erreurs de ton Mahomet, et quittant les ténèbres épaisses de ta loi, tu recevras la lumière Évangélique.

CHAPITRE XVIII

Nous remarquons au texte de l'ancien Testament spécialement deux prophéties, dont l'une est en Genèse, qui est telle :

Le Sceptre ne sera point ôté de Juda, ni de sa descendance, jusqu'à ce que vienne, celui qui doit être envoyé, et sera l'expectation des Gentils, ou (comme dit la translation Chaldaïque) jusqu'à ce que le Messie soit venu.

L'autre est en Daniel, Quand le Saint des Saints sera venu, votre Onction cessera.

Ces prophéties ont prédit, que le royaume et la Prêtrise Judaïque devait prendre fin à l'avènement de Jésus-Christ, comme il est accompli.

Car le Royaume qui était en la lignée de Juda, a été usurpé par les Iduméens, et Jésus-Christ fils de Dieu, a pris naissance au ventre Virginal, étant vrai Dieu, et vrai homme, du temps que Hérode fils d'Antipater étranger Iduméen tenait le sceptre.

Et la prêtrise Judaïque a aussi pris fin, étant transférée aux Chrétiens, sur lesquels Jésus-Christ a constitué un sien Apôtre nommé Pierre, pour être Pasteur, et tenir son lieu, auquel il a donné la puissance et autorité du grand Prêtre.

Tellement que dès lors la sollicitude Pastorale des fidèles ouailles de Jésus-Christ est demeurée à Saint Pierre, et non plus aux Juifs, depuis l'heure où il lui dit, Repais mes ouailles.

Ce grand Pasteur et Pontife donc a ordonné que les Évêques, et Prêtres seraient élus de la troupe des Chrétiens, non des Juifs.

Et il ne faut pas penser, que Saint Pierre, bien qu'il fût de nation Juif, soit pourtant réputé Juif, depuis qu'il eut dépouillé la vieille conversation, et eut reçu le caractère de grand Prêtre, car il a été mis au nombre des Chrétiens, comme on en doit autant estimer les autres Apôtres.

Par ce moyen se trouvera la sus-dite prophétie accomplie, à savoir que l'Onction qui était en la Loi Judaïque est changée en une autre, suivant, le témoignage de Saint Paul, qui dit, que la prêtrise étant translatée, nécessairement la translation de la Loi se fait.

Dieu donc qui en plusieurs sortes et manières a parlé anciennement aux Pères par les Prophètes, a aussi en ces derniers jours parlé à nous pour son fils, (dit le même apôtre) lequel il a constitué héritier de toutes choses, et par lequel il a fait les siècles, a donné nouvelle loi et nouveaux préceptes, l'observation desquels rend les hommes participants de la vie éternelle.

CHAPITRE XIX

Le temps donc étant arrivé, qui avait été déterminé, par le très-haut et inscrutable conseil de la divine Trinité, lorsqu'Hérode gouvernait le Royaume des Hébreux, et Auguste l'Empire Romain, tout le monde étant en paix, paix dis-je tant admirable que jamais on n'en avait vu de semblable, ni entendu, afin qu'elle fit honneur à l'avènement de Jésus-Christ.

L'Ange Gabriel fut envoyé du Ciel, pour annoncer à la sacrée Vierge Marie, l'heureuse Conception, et très sainte naissance du fils de Dieu, devant lequel mystère, néanmoins naquit au monde Saint Jean Baptiste précurseur, pour courir devant, prêcher et annoncer pénitence, et préparer la voie à notre Sauveur Jésus Christ.

La vierge donc sans macule a conçu du Saint Esprit, selon que l'Ange lui avait prédit, sans fracture du signacle Virginal.

Après qu'elle eut enfanté son fils et seigneur, huit jours devant les Calendes de Janvier, et le jour des dites Calendes fut circoncis, nommé Jésus, comme l'Ange lui avait ordonné, à cause que suivant l'interprétation de ce nom, il devait sauver le monde.

On récite plusieurs choses de l'enfance de Jésus-Christ, mais nous ne pouvons errer, en croyant que sa sainte vie a été illustrée de divers signes et miracles, bien que l'autorité de l'Église qui se gouverne par mûre délibération et conseil, ne reçoive que ce qui est très certain, laissant tout ce qui est apocryphe.

Saint Luc a fait mention de ce qu'il fait l'an douzième de son âge, étant au milieu des Docteurs, les interrogeant sagement, et humblement sur les points de la Loi avec grande merveille, non sans manifestation du lumineux rayon de sa divinité.

Mais cette splendeur donna bien plus évident lustre quand il se présenta en l'âge de 30 ans pour être baptisé par Saint Jean, lequel fut baptisé par la suite, car à la même heure la voix du père fut entendue du Ciel.

Voici mon fils bien-aimé, auquel je me suis complu.

Après cela il se trouva aux noces, où il changea l'élément d'eau en bon vin, et fit par après divers signes et miracles en annonçant l'Évangile.

Il fit élection des Disciples lesquels il nomma Apôtres, et courut tout le pays de Judée prêchant, et faisant miracles, non seulement guérissant ceux qui étaient malades corporellement, mais aussi guérissant les âmes, et mettant en exécution, ce qu'il enseignait de parole, tellement qu'il a été patron de sainteté et de vie exemplaire, faisant trois ans entiers retentir sa voix par toute la terre de Judée, et pays circonvoisins, renouvelant les anciens préceptes déjà invétérés, et mis en oubli pour les remettre en pratique.

Il en a aussi ordonné de nouveaux plus utiles et nécessaires que les précédents, et a révélé et interprété les visions Énigmatiques, et secrets cachés en l'ancien Testament.

Il a expliqué les mystères compris aux visions prophétiques, et a exhibé manifestement tout ce qui avait été prédit et prophétisé de lui.

Il a révélé le haut et sublime mystère de la très sainte Trinité, démontrant qu'en une Trinité de personnes, et unité d'essence, la divinité est comprise, et doit être le Père, le Fils et le Saint Esprit, adoré, et que toutes ces trois personnes ne sont qu'un Dieu.

Il a prédit non seulement sa mort, mais aussi le supplice et genre de mort, qui devait lui faire finir sa vie.

Il a prédit qu'il ressusciterait le troisième jour, et qu'après son Ascension au Ciel, il viendrait à la fin du monde juger les vifs et les morts.

Il a été honteusement lié, et garrotté, pour être livré à Pilate, afin qu'il le condamne à une cruelle mort non outre sa volonté.

On a produit contre lui des faux témoins, et n'a t-on su trouver sur lui chose qui méritait la mort, du fait que jamais il ne commit offense, et ne fut coupable de paroles fallacieuses.

Pour le plus grand crime, on lui a objecté qu'il s'était vanté d'être fils de Dieu, et d'être Roi.

Sur cette véritable confession on a procédé au jugement de mort contre lui, et il a été attaché en une Croix, puis ôté par gens de bien, pour avoir sépulture et être mis au tombeau.

Il est ressuscité le troisième jour comme il avait promis, comme il a été vérifié par témoignage suffisant ayant conversé avec ses disciples l'espace de quarante jours, les confortant et enseignant afin qu'ils aillent par tout le monde, pour y prêcher et annoncer évangile.

Puis sur ces entrefaits, il a été élevé au Ciel en leur présence, et soustrait de leurs yeux pour une nuée qui le reçu, et est ainsi monté assis à la dextre de Dieu son Père, d'où il doit venir faire un jugement universel des hommes, et rendre à un chacun selon ses oeuvres, gloire ou supplice.

Après qu'il soit monté, il a envoyé le Saint Esprit pour gouverner et régir son Église, et l'enseigner en toute vérité de ce qu'elle doit faire pour obtenir la vie éternelle.

Voila ce que nous autres Chrétiens croyons et tenons fermement pour véritable.

Voilà la foi que nous enseignons, et que nous prêchons à tout le monde, et que nous désirons communiquer à un chacun.

Voilà la foi laquelle a été donnée par les Apôtres à leurs successeurs, et est tombée par succession entre nos mains, et nous a été consignée sans froissure, ou lésion, afin de la transmettre à ceux qui viendront jusqu'à la fin du monde.

Voilà la foi que vous autres Turcs et Sarrasins ne voulez pas recevoir, car bien que vous croyez Jésus-Christ être né d'une Vierge, avoir été saint personnage envoyé de Dieu, grand Prophète, et avoir fait plusieurs miracles glorieux, et être encore en vie, vous ne voulez pas néanmoins confesser qu'il soit Dieu, vous lui dénié sa divinité, comme aussi faites au Saint Esprit, ne voulant reconnaître la Trinité des trois personnes en une essence, vous vous gaussez (comme fit Basilide) de la mort ignominieuse de Jésus-Christ, et dites que ce n'était pas lui, mais un autre qui a été attaché en Croix, et qu'il s'est évanoui, et a été ravi ou transporté.

Vous ne voulez croire qu'il viendra au jugement général, pour discuter nos œuvres, et nos péchés.

Vous avez en dérision plusieurs articles de notre Foi, et de notre sainte religion.

Et croyez choses tant ridicules, qu'on ne saurait s'abstenir d'éclater de rire quand on les lit, lesquelles nous passerons sous silence.

Quant à notre foi, elle est fondée non seulement sur le nouveau, mais aussi sur l'ancien Testament, fondée sur la parole de Dieu, qui y est contenue.

Mais vous aurez ajouté foi à l'Alcoran de Mahomet homme flagitieux, et suivez ce qu'a dicté un homme mort, qui n'eut jamais témoignage de sa sainteté, qui ne s'est fondé sur aucune raison, qui n'a aucun témoignage de doctrine, et n'a jamais fait œuvre miraculeuse.

Quant à nous, nous tenons directement notre foi de Jésus-Christ, qui est vif, voire par votre confession.

Nous prêtons attention à la divine parole, nous sommes conduits en notre créance, par signes, raisons, et témoignages, irréfragables de la sainte Écriture.

Et si tu veux nous écouter, nous te montrerons en peu de propos, combien notre Loi est reluisante et lumineuse et développerons le bandeau qui est devant ta face, et ôterons l'éblouissement qui couvre tes yeux, moyennant que tu te rendes attentif, et auditeur bénévole et patient à comprendre, l'excellence des secrets de notre Foi, où sont les mystères de la divine majesté révélée.

Je présuppose, que souvent tu as bien donné audience, aux bateleurs et baladins, qui te contaient des fables, et te récréaient de momerie.

Que si tu as été tant patient, pour écouter telles folies, ne dois tu pas à meilleure raison prêter l'oreille, à narration des choses qui concernent ton salut et le profit de ton âme ?

Tu crois certainement que l'âme n'est point estimée noble, quand elle est privée de l'amour de Vérité, car on ne trouve personne qui n'ait envie d'être sauvé.

Si donc tu t'estimes tant noble, écoute ce qui est profitable à ton salut.

CHAPITRE XX

En quoi gît la controverse, qui est entre les Chrétiens, et les Mahommetistes ?

En quoi sommes-nous différents ?

Quelle est la source de notre discorde ? Je ne saurais le songer autre, sinon que nous sommes de diverse opinion touchant la Divinité du Père, du Fils, et du Saint Esprit : Voilà le fondement de notre division.

Que si nous le pouvions renverser, tout se porterait bien.

Arrêtons nous donc sur ce point, et exposons le nœud de ce différent, touchant à la Divinité.

Nous confessons en un Dieu trois personnes, le Père, le Fils, et le Saint Esprit.

Vous n'en voulez recevoir qu'une, laquelle encore selon votre manière de parler, ne se doit nommer, ni Père, ni Fils, mais seulement Dieu, et dites qu'il est tout seul Créateur du Ciel et de la terre, et de toutes autres choses qui sont dessus, et dessous les éléments.

Quant à cet article de l'unité, nous ne sommes contraires à votre dire, car nous savons grâce à Dieu, qu'il est écrit en la loi guidée d'Israël, ton Seigneur Dieu est un.

Et en un autre lieu : Je suis ton Seigneur Dieu qui t'a retiré de la terre d'Égypte, Tu n'auras autre Dieu que moi.

Et derechef, Je suis celui qui est, et s'ils demandent mon nom tu diras : Celui qui est, m'a envoyé vers vous.

Et au Cantique d'Exode est écrit, Le Seigneur tout puissant c'est son nom.

Tous lesquels témoignages, déclarent manifestement, qu'il y a un seul Dieu, un seigneur, une puissance, une nature.

Nous confessons tout cela avec vous, et en cela gît notre accord, à savoir en la confession d'un seul Dieu : car le Dieu de nature, et le Seigneur tout puissant, ce n'est qu'un Dieu.

Vous dites que Dieu est l'origine, et principe de toutes choses créées.

C'est ce que nous confessons aussi, En quoi somme nous donc contraires ? en ce qu'il y a beaucoup de choses qui sont attribuées à Dieu autrement par les Chrétiens, que par les Turcs et Sarrasins.

Et au contraire vous voulez soutenir que Dieu a un corps, nous réprouvons cela, car Dieu n'a aucun usage des membres.

Vous dites que toutes choses adviennent fortuitement en ce monde, et qu'il n'y a aucune providence de Dieu qui ait soin des choses.

Nous disons du contraire, et soutenons que Dieu gouverne tout, et que rien ne se fait que par sa providence et permission.

Vous ne reconnaissez point un Dieu le Père en la divinité.

Nous le confessons Dieu, et son Fils aussi.

Vous rejetez de la Divinité le Saint Esprit, Nous le comprenons en une même essence.

Laissons les autres choses, et arrêtons-nous seulement à celles qui sont de plus grand poids, et de plus grande conséquences.

CHAPITRE XXI

Nous confessons donc Jésus-Christ être fils de Dieu, et vous le niez.

Pourquoi ?

Pour ce (dites vous) que Dieu n'a aucune femme de laquelle il puisse engendrer un fils, que s'il était marié, et que sa femme eu des enfants, le monde qui n'a qu'un gouvernement, serait divisé en plusieurs, et ne pourrait par ce moyen longuement subsister, car en l'unité se trouve la concorde, laquelle seule modère les Empires, mais en pluralité se trouve discorde qui ruine les Royaumes.

Ne voilà pas une grande bêtise, et lourdesse d'esprit ?

Qui est celui tant dépourvu de sens et de raison, tant grossier, et hors d'entendement qui se persuade que Dieu engendre par commixtion charnelle, et par accointance de femme ?

Nous qui sommes Chrétiens, ne voudrions songer à un tant exécrable blasphème, et mensonge tant déraisonnable.

Les Païens et Sarrasins qui attribuent à Dieu, corps, membres, têtes, pieds, et mains pourraient bien songer à cela.

Mais nous savons que Dieu est un esprit, et qu'il n'a point de membres, mais il est, immortel, Éternel, et incompréhensible, qui en se comprenant, et se reconnaissant soi-même, en sa pensée, et entendement conçoit un verbe, lequel nous appelons fils de Dieu, qui n'est autre que Dieu, en raison qu'il n'y a rien en Dieu, qui ne soit Dieu.

Nous disons donc Dieu être Père, duquel est ce Verbe, et la procession de ce Verbe, nous disons être la génération du Fils.

Or il faut que tu entendes que la vérité de ce Verbe divin, n'a pas seulement été révélée aux Chrétiens, mais aussi aux Philosophes Gentils, qui ont précédé l'incarnation du fils de

Dieu, lesquels ont affirmé la chose que nous proposons véritable, car les Platoniciens ont dit apertement, que le Verbe était au commencement, et que le Verbe était auprès de Dieu, et que Dieu était le Verbe, que toutes choses ont été faites par lui, et que sans lui n'a été fait de ce qui est fait, tellement que peu s'en faut qu'ils ne profèrent mot à mot ce que Saint Jean a inséré en son Évangile du Verbe divin, jusqu'à l'incarnation, laquelle ils n'ont su connaître, à raison qu'elle n'était encore accomplie, et que Dieu tenait caché ces hauts mystères, frustrant les Sages de ce monde, de telle intelligence, laquelle il a peu après révélé aux petits.

Ce que les Platoniciens donc ont nommé Verbe divin, et l'ont confessé être Dieu, nous le disons être fils, engendré du Père, et le reconnaissons Dieu sans craindre ou redouter la ruine prétendue de cette machine universelle, par la génération du fils, car il est seul fils, et le Père et le Fils sont un, une puissance, et une intelligence concevante.

Ces termes te sembleront de difficile intelligence, mais si tu veux nous permettre de te les expliquer, nous te les rendrons tellement évidents, qu'ils te serviront de lumière, et d'enseignement pour reconnaître tes erreurs.

Regarde ce soleil corporel, qui par sa substraction de lumière peut causer les ténèbres sur toute la terre, lequel aussi en se levant produit des rayons de sa même nature.

Telle production est une forme de génération en ce Soleil, de façon, qu'on peut dire proprement, que lesdits rayons sont engendrés, et sont enfants du Soleil, il est vrai que telle comparaison est trop inepte, et de peu d'importance, pour inférer quelque chose conséquente, à cause que le Soleil a plusieurs rayons, mais Dieu n'a qu'un fils.

Ils peuvent néanmoins convenir en cela, que les rayons sont de même substance avec le Soleil et la divinité, et essence du Père, et du Fils est une, bien que la conséquence des choses corporelles, avec les choses divines ne convienne pas.

CHAPITRE XXII

Maintenant il nous faut procéder par témoignages et autorités, afin que ce qui t'est impossible de comprendre par raison naturelle, te soit démontré par témoignage.

L'ancien testament est approuvé par les Juifs, Chrétiens, et Sarrasins.

David parle ainsi, Mon cœur a mis hors un bon Verbe.

Ce verbe est ce que nous appelons fils de Dieu, et unique du Père éternel, non engendré et conçu par copule charnelle, ou conjonction maritale, mais divinement au cœur de Dieu, produit par sa propre intelligence.

Et en un autre lieu il dit en la personne du Père.

Tu es mon fils, je t'ai aujourd'hui engendré.

Parce que Dieu n'a point d'hier, ni de demain, il dit aujourd'hui, c'est à dire éternellement et toujours, car toutes choses sont toujours en lui présentes et manifestes, et derechef.

Devant l'étoile du jour je t'ai engendré. Il dit ceci afin que tu ne pense que David parle de son fils Salomon, car c'est Dieu le père qui parle à son fils qui est Dieu, car jamais telle créature ne fut produite devant l'aube du jour (excepté le fils de Dieu).

Le susdit Salomon le veut exprimer par la Sapience qui parle ainsi.

Les abîmes n'étaient encore en essence, que j'étais déjà conçu, J'ai été engendré devant les montagnes.

Car jamais le Père n'a été sans le Fils, ni le Fils sans le Père, comme dit Saint Jean en son Évangile.

Le Verbe était au commencement, et le Verbe était avec Dieu, et le Verbe était Dieu.

Arrius et Mahomet ne pouvant comprendre ces hauts mystères, ont mieux aimé contredire à la vérité de Dieu, que de confesser leur ignorance, ils ont mieux aimé s'arrêter à leurs rêveries, ou âneries, que de soumettre au jugement d'autrui, et apprendre la Sapience de ceux qui pouvaient les instruire.

Qui ne voit que telle opiniâtreté est démesurée, et malheureuse, voire digne de grief aversion ? Car il faut ajouter foi aux divins oracles et prophéties, et si on y trouve quelque secret qu'on n'entend pas, il faut dire avec Saint Paul.

Ô profondes richesses de la Sapience, et connaissance de Dieu, que ses jugements sont incompréhensibles, et ses voies impossibles à trouver.

Les Jurisconsultes, tiennent pour certain qu'on ne peut, voire qu'on n'est tenu de rendre raison de toutes choses qui ont été ordonnées et instituées par les Majeurs, Et néanmoins il faut obéir à la loi pour cette seule raison, que non sans cause elle a été donnée.

Il n'est donc pas licite à plus forte raison de curieusement enquêter sur les secrets divins, car plusieurs choses sont occultes et cachées, à la notice desquelles jamais la subtilité des hommes ne peut approcher.

Et comme les yeux de la Chauve-souris s'éblouissent en l'aspect de la lumière du Soleil, ainsi est l'entendement éblouï, des choses qui sont manifestes en nature, et sans comparaison plus des choses qui concernent la divinité.

Il ne se faut donc point étonner, si Arrius, et Mahomet, hommes charnels et brutaux, n'ont su comprendre la génération du Fils, la procession du Saint Esprit, la Trinité des personnes en unité d'essence, et la Divinité.

Si est-ce que cela est imputé à damnable impiété, de ce que jamais ils n'ont voulu obtempérer aux témoignages de la sainte et divine écriture.

Car qu'est-il besoin de faire des frivoles arguments, puisque c'est Dieu qui parle ?

On dit que les Pythagoriciens avaient de coutume quand ils disputaient pour confirmer leurs propositions de dire, Ainsi l'a t'il dit lui même, entendant parler de leur maître Pythagore, duquel l'autorité servait de confirmation de vérité en la doctrine.

Si ainsi est, nous devons bien plus ajouter foi à l'infaillible parole de Dieu, qui est la vérité même, qu'à un homme qui est menteur.

Que si tu me renies ces témoignages être de Dieu, je te répondrai tantôt à cela après que j'aurai parlé du Saint Esprit, auquel ta loi refuse de donner titre de Déité.

Bien que je sois certain que ta dite loi ne s'oserait vanter d'avoir puisé cette doctrine à la source du cerveau ou invention de Mahomet, lequel ne fut jamais auteur de tel erreur.

Mais le pernicieux et malin jugement Darius, Nestorius, et Macedonius, qui ont été condamné par les saints Conciles, a forgé ce mensonge, et est le venin qui avait été caché longtemps entre les Arabes, et Égyptiens, que Mahomet et son maître Sergius ont recueilli pour intoxiquer les hommes.

Je te prie de ne te point émouvoir quand je dis la vérité, et te donne de garde de suivre les aveugles, mais reconnais que le saint Esprit est Dieu, et la tierce personne de la sainte Trinité.

CHAPITRE XXIII

Nous avons dit précédemment, Que Dieu le Père, en son intelligence conçoit un Verbe, qui était son fils engendré de sa substance, maintenant il faut ajouter à cette intelligence, et connaissance une opération volontaire, de laquelle l'exorde est la volonté.

Or entre les opérations que la volonté produit, La principale, est Amour.

Écoute donc avec attention ce que nous voulons dire.

Il faut confesser, qu'en Dieu, il y a une absolue et parfaite intelligence, et un amour semblablement, duquel la procession s'exprime et déclare par l'opération volontaire, tout ainsi que la génération du Verbe se déclare par l'opération de l'intelligence, il est vrai que l'intelligence est autre que la volonté, car l'intelligence est parfaite en ce qui est la même intelligence, comme les choses sensibles se connaissent par les sens, aussi les choses intelligibles se connaissent par l'intelligence, mais la volonté prend sa perfection du mouvement des choses qui se présentent au désir et volonté, ayant comme dit mouvement une occulte origine.

Les choses donc qui dérivent du secret du principe, et premier moteur, prennent le nom d'esprit, car nous appelons les vents en latin Spiritus, ainsi que l'entend l'écriture, quand elle dit, Spiritus procellarum, les vents et tourbillons, à cause qu'on ne trouve point l'origine de leur soufflement, au cas pareil, nous appelons, Spiritus, la commune respiration, et mouvement des artères, provenant d'un occulte principe intrinsèque.

Et ainsi par une décente similitude (si les choses divines ne peuvent être reliées par le jugement humain et la raison naturelle) l'amour divin qui procède du père, et du fils, est appelé, Spiritus.

Or il faut noter, que l'Amour procède de nous par deux manières, aucune fois par une corporelle et matérielle nature, lequel amour le plus souvent est immonde et déshonnête, voir pernicieux à l'esprit, aucune fois il procède, de la propriété d'une spirituelle nature, quand nous aimons ce qui est spirituel en intelligence, et convenable à la raison, et tel amour est louable et salutaire à l'esprit : le premier n'a aucune convenance avec Dieu, ainsi seulement le dernier, qui est pur et simple, nous l'appelons esprit.

Or cela est tout certain, que nous n'aimons aucune chose d'un saint et spirituel amour, sinon ce qui se conçoit en notre intelligence, laquelle conception qui se fait en l'intelligence, c'est le Verbe, et par ainsi, il faut confesser, qu'amour procède du verbe, car Dieu aime, ce qui est conçu en son intelligence, à savoir le Verbe.

Nous disons donc que le Verbe est fils de Dieu, lequel fils est de l'intelligence du père et le connaît et l'aime, dont on veut inférer, que l'amour qui se nomme le saint Esprit, procède du père, et du fils, et est Dieu avec le Père, et le Fils.

Car tout ainsi que l'intelligence divine, est de la propre essence de la divinité, aussi est l'amour, et tout ainsi que Dieu s'entend, et se connaît soi-même, aussi il s'aime toujours, et aime tout quand il aime la bonté.

D'avantage tout ainsi que le fils de Dieu, qui verbe divin, subsistant en sa divine nature, coéternel avec son père, est un seul Dieu et parfait, aussi le saint Esprit, est Dieu coéternel, et coégal au père, et au fils, pour-ce, tout ce qui consiste en la nature d'intelligence, nous le disons personne, les Grecs l'appellent, Hypostasis, puisqu'en une divinité se reconnaissent trois subsistants, nous y comprenons trois personnes, le Père le Fils, et le saint Esprit, sans les disjoindre et séparer d'une même essence, seulement nous les distinguons par seules relations, qui proviennent à raison, de la procession du Verbe, et de l'amour.

Par ce moyen la religion Chrétienne divinement illustrée confesse trois personnes en la divinité, et non trois Dieux, comme a faussement imposé Mahomet.

Et disons que le Père, le Fils, et le saint Esprit, est un seul Dieu dès l'éternel, et néanmoins ce n'est pas le Père, qui est Fils, ni Fils qui est Père, ni saint Esprit qui est Père ou Fils, non plus qu'en la divine Trinité, ne se trouve diversité d'essence, bien que nous disons par l'autorité de l'Écriture, que le Père n'est pas le Fils, et le Fils n'est pas le Père, et le saint Esprit n'est pas Père ou Fils.

Nous ne disons pas néanmoins que le Père soit d'autre substance que le Fils, ou le Fils que le Père, et le saint Esprit que le Père et le Fils.

CHAPITRE XXIV

Nous n'avons faute de similitudes tirées des choses créées, pour montrer le mystère de la Sainte Trinité.

Les choses invisibles de Dieu (dit Saint Paul) sont connues par la créature du monde par les choses visibles, Ainsi est-il de la puissance éternelle, et la divinité.

En notre âme donc reluit une Image de la divine Trinité, pour ce que notre âme est une substance spirituelle et raisonnable, la forme du corps organisé, qu'elle dirige, et fait mouvoir, laquelle a en elle-même souvenance, intelligence, et amour de soi-même.

Auxquelles trois choses, mémoire, intelligence et amour, se

manifeste une Trinité, et il y a relation de ces trois choses, car il n'y a point d'amour sans mémoire, ni mémoire sans intelligence et connaissance, car qui est celui qui n'aime, ou qui n'a mémoire, de ce qu'il entend et connaît.

Ce sont choses inséparables, et néanmoins tant en particulier qu'en général, ce n'est qu'une essence, une vie, une âme.

En cela différentes, que la mémoire n'est pas intelligence, ni la volonté ou amour ne sont la mémoire.

Considère donc ici soigneusement une Image et vestige de la divine Trinité en son œuvre, et comme elle peut être en unité d'essence.

Car quiconque par la mémoire a réminiscence de l'immuable et éternelle nature, la contemple par son intelligence, l'embrasse par son amour, il trouve certainement en lui-même une Image de la divine Trinité, non toutefois totalement semblable, mais telle que peut fournir une propre comparaison avec une grande dissimilitude, car bien que l'homme se connaisse et ait raison et intelligence, bien qu'il ait volonté et amour, mémoire et souvenance, sa mémoire toutefois, intelligence et amour, ne sont pas l'homme, mais bien ces puissances sont en lui substance, non comme sont les accidents aux sujets qui se peuvent séparer, mais elles sont en l'âme substantiellement et constituent un homme qui a ces trois choses, bien qu'il ne soit pas ces trois choses.

Mais au contraire la simple nature qui est Dieu, combien qu'il ne soit qu'un Dieu, ce sont toutefois trois personnes, et nous doit suffire que ces trois personnes sont un Dieu, en unité d'essence.

CHAPITRE XXV

On trouve encore sous autres noms et appellations en notre nature l'image de la divine Trinité, car ce que nous appelons,

Esprit, avec l'intelligence et amour sont trois choses en notre âme, laquelle, s'aime, s'entend, et se connaît, et ne se pourrait aimer, si elle n'avait connaissance, et intelligence, tellement qu'en s'aimant avec connaissance et intelligence, c'est comme une Trinité.

Et bien que ces trois choses soient distinguées, et séparées d'ensemble, elles doivent néanmoins être dites, en une chose, à cause qu'elles sont substantiellement en l'âme.

Parce que cette âme est comme le père, la connaissance ou intelligence est comme le fils, car quand l'âme s'entend et se connaît, elle engendre une connaissance de soi, et est la seule mère de cette connaissance.

Après, l'amour y est pour troisième qui procède de ladite âme, et de la connaissance, quand l'âme en se connaissant, elle s'aime, car elle ne se pourrait aimer si elle ne se connaissait. Elle aime donc son enfant qui est connaissance, et par ainsi l'Amour est l'accord, conjonction, et embrassement du producteur et de la chose produite, et n'est moindre cet amour que l'âme, et la connaissance, attendu que la connaissance s'aime d'autant qu'elle connaît qu'elle est.

L'homme raisonnable qui considère ceci, voit trois choses convenir en une essence, et par ce moyen, il s'élève à la contemplation du créateur, pour y remarquer unité de substance en Trinité de personnes, et Trinité de personnes en unité d'essence, et adorer un Dieu, une essence, et un Principe de toutes choses, comme ont connu, et enseigné les Patriarches, Prophètes et Apôtres, desquels nous voulons produire présentement les témoignages, avec les autorités de la Loi divine, sans l'aide desquelles toute augmentation est superflue, et inutile.

En premier lieu, toutes les saintes Écritures font mention de Dieu le Père, et ce nom de Paternité se réfère à tout.

Car si nous disons le Fils, nous ne saurions nier le Père, et si nous disons, Père, il faut inférer qu'il a un Fils.

Tout ce que nous avons donc montré par témoignages de l'ancienne Loi, et de la nouvelle du fils de Dieu, est relativement référé au Père, car lui-même a dit : Qui me voit, il voit mon père.

Parlons donc maintenant de l'Esprit.

CHAPITRE XXVI

Nous lisons en Genèse, que l'Esprit du Seigneur était épandu par dessus les eaux.

Qui est ce Seigneur, sinon Dieu ?

Et l'esprit duquel, sinon de Dieu ?

Et comment serait-il esprit de Dieu, s'il n'est Dieu ?

Tout ce qui est de la divinité est Dieu, et il ne faut estimer que quelque autre chose y puisse être mêlée, car il n'est composé de plusieurs choses.

Il est Dieu, simple, et pur.

Job témoigne, Que l'esprit du Seigneur l'a fait, et le souffle du tout puissant l'a vivifié.

Ces œuvres donc (comme tu vois) sont de Dieu, et non pas d'un homme.

Qui fait et forme l'homme sinon Dieu ?

Il faut donc que l'Esprit de Dieu soit Dieu pour que le Sage parle en cette sorte.

L'esprit du Seigneur a rempli toute la terre, et ce qui est contenu en tout, a science de la voix.

Qui est cet Esprit sinon Dieu, auquel le ciel sert de siège, et la terre de caveau sous ses pieds ? Même selon les Poètes.

Sans se lasser du circuit de la terre ronde et le haut Ciel, va par la mer profonde.

Il a au ciel l'onde, et la région Terrestre, et l'air, son habitation.

David donc disait :

Où irai-je arrière de ton esprit ? Voulant montrer qu'il n'y a lieu où on se puisse cacher de la présence de son Esprit qui est partout.

Or être en tout lieu, remplir, et contenir tout le monde, cela est à un seul Dieu possible.

Il faut donc inférer que le Saint Esprit est Dieu qui fait tout cela, qui sait, et annonce les choses futures, comme il est écrit, que Siméon avait eu réponse du Saint Esprit, qu'il ne goûterait point la mort avant qu'il eut vu le Seigneur, c'est à dire Jésus-Christ incarné.

Je ne trouve point de raison de nier celui là être Dieu, qui fait les œuvres qui conviennent à un seul Dieu.

Par quoi je conclus, que le Père n'est pas Dieu seul, ni le Fils aussi.

Mais que le Saint Esprit ensemble avec le Père et le Fils est un seul Dieu.

Car la Trinité des personnes en Unité de la Divinité, n'y contrarie comme nous l'avons démontré.

Il reste maintenant à prouver, qu'il y a une Trinité de personnes en unité d'essence, par le discours des saintes Écritures, et prendrons pour notre premier guide le Législateur Moïse, qui parle ainsi tout au commencement de la Genèse.

Dieu créa au Principe le Ciel et la terre, la terre était sans forme, et vide, et l'Esprit du Seigneur était épandu par dessus les eaux.

Note qu'il fait ici mention de trois, à savoir, de Dieu, du Principe, et de l'Esprit.

Par ce mot Dieu, nous entendons le Père, par le Principe, nous entendons le Fils, et par L'esprit du Seigneur, le Saint Esprit.

Or ce vocable Principe doit être entendu de la personne du Fils comme l'enseigne le Psalmiste, quand il introduit le Père qui parle à son Fils.

Le Principe est avec toi au jour de ta vertu, comme splendeurs des Saints, je t'ai engendré du ventre devant l'aube du Jour.

Par ainsi on voit l'expresse démonstration d'une Trinité de personnes divines, voir dès le commencement de la Création du monde.

S'il était ici expédient nous exposerions ce nom Elohim, comme le fait Saint Jérôme en épître Ad Marcellam, mais passons outre.

CHAPITRE XXVII

Le Diable tentant nos premiers Pères en forme de Serpent, et les incitant à goûter du fruit de l'arbre défendu.

Vous serez (dit-il) comme Dieux, sachant le bien et le mal.

Ce que nous estimons avoir été proféré, comme s'il eut voulu dire, vous serez comme les divines personnes, auxquelles rien n'est caché ou inconnu.

Et quand Dieu chassa Adam du Paradis, il lui dit ces propos : Voici, Adam est devenu comme un de nous, voulant entendre du Père, du Fils, et du Saint Esprit.

Et plus apertement encore, le mystère de la sainte Trinité est montré par ce qui est écrit en Genèse, où Dieu parle ainsi, Faisons l'homme à notre image et semblance.

Ces deux mots, faisons, et notre, démontrent plusieurs personnes en la Divinité, et ce mot, Image, et semblance en nombre singulier exprime l'unité d'essence en la même divinité.

Car il n'est pas seul, puisqu'il dit, faisons, et ne parle point à autre que de sa même nature, quand il dit, notre, qui sont en nombre pluriel, pour donner à connaître que le Père parle au Fils et au Saint Esprit, non par le son d'une voix, mais par une interne intelligence, et en ce qu'il ajoute en singulier Image, et semblance, il veut montrer qu'il est seul Dieu, et qu'en la Divinité il n'y a qu'une et simple essence.

Il avait auparavant mis en singulier, creavit coelum et terram : Il a créé le Ciel et la terre, et non pas creavimus, ou creaverunt, en pluriel.

Et maintenant il dit en pluriel Faciamus ad imaginem, et similitudinem, faisons à notre image et semblance, afin qu'on reconnaisse en la Divinité une pluralité de personnes, ce que n'a pas omis à remarquer le Psalmiste.

Les Cieux (dit-il) ont été fait par la parole de Seigneur, et tout leur ordre par le vent de sa bouche.

En ce mot de Seigneur, il entend parler de Dieu le Père, et par la parole ou Verbe, il entend du Fils, et par le vent de sa bouche, il veut entendre le Saint Esprit. Et afin que tu remarques mieux la Trinité de personnes, en une divinité, le même Prophète s'écrie, et implore par trois fois le nom de Dieu, pour recevoir bénédiction.

Que Dieu notre dieu, nous bénie.

Dieu (dis-je) nous bénie, lorsque tous les bouts de la terre le craindront. Cette confession de Dieu par trois fois répétée, exprime une Trinité de personnes, et une divine essence, et ce qu'il ajoute en nombre singulier, que tous les bouts de la terre l'aient en crainte, exprime l'unité d'essence.

Le même Prophète déclare encore plus apertement ce mystère, quand s'adressant au Fils, il lui dit : Ô Dieu ton trône est à toujours et à jamais, le sceptre de ton règne est le sceptre d'équité, et puis il ajoute : Pour cela Dieu ton Dieu t'a sacré de l'huile de liesse plus que tes compagnons.

Ces deux répétitions Dieu, ton Dieu expriment les personnes du Père, et du Saint Esprit, qui ont oint le Fils de l'huile de liesse en ce qu'ils ont coopéré au mystère de son incarnation, comme dit ci après.

Esaïe aussi en sa vision fait parler les Séraphins, qui s'écrient Saint, Saint, Saint, est le Seigneur des armées, en répétant trois fois Saint, ils louent et confessent les trois personnes, et prononçant une fois le Seigneur, ils le reconnaissent un Dieu en essence, qui est seul Seigneur.

Le même Prophète parle derechef en la personne du Fils, quand il dit : Maintenant le Seigneur Dieu et son Esprit m'a envoyé.

Par le Seigneur Dieu, il entend le Père qui a envoyé son Fils, comme l'a fait aussi son Esprit, qui est le saint Esprit.

Qui est celui tant dépourvu de jugement, qui ne connaisse manifestement une divine Trinité exprimée en dites autorités ?

Tu vois donc comme ce sacré mystère a été révélé aux anciens Prophètes.

Je pourrais encore alléguer beaucoup d'autres semblables témoignages de l'ancien testament, qui approuvent la Trinité des personnes.

Si Jésus Christ ne nous enseignait en son Évangile ce même mystère plus apertement lors qu'il envoya ses disciples par tout le monde.

Allez (dit-il) et enseignez à toutes nations, et baptisez les au nom du Père, et du Fils, et du Saint Esprit.

Il nomme trois personnes, et néanmoins il ne dit qu'un nom, afin qu'il démontre l'union d'essence desdites trois personnes de la divine Trinité.

Et Saint Jean l'évangéliste qui a puisé la vérité, s'étant incliné sur la poitrine de Jésus Christ, dit en son Épître. Trois sont qui donnent témoignage au Ciel, le Père, le Verbe, et le Saint Esprit.

Saint Paul semblablement, Dieu a envoyé (dit-il) l'Esprit de son Fils en nos cœurs. Et derechef, L'Esprit de celui qui a ressuscité Jésus Christ habite en nous, et encore, De lui, et par lui, et en lui, sont toutes choses, à lui gloire soit éternellement.

Disant, de lui, il entend du Père, par lui, il entend du Fils, en lui, il entend du Saint Esprit.

Il n'a pas voulu dire, d'eux par eux, et en eux, mais, à lui soit gloire, afin qu'on remarque une divine Trinité, en trois personnes en unité d'essence.

Par tels et semblables témoignages, notre religion a été, et est divinement illuminée, et maintenant elle confesse avec assurance, qu'il n'y a qu'un Dieu qui est la cause des causes, la fin et le commencement de toutes choses, auteur de toutes créatures, un très parfait et souverain bien, et néanmoins elle reconnaît trois personnes en Dieu, et adore la Trinité en une essence, et quiconque contredit à telle confession, il se doit d'assurer que son âme est en grand danger, et qu'elle s'en va à damnation, cheminant en ténèbres, ayant perdu le sentier de vérité.

CHAPITRE XXVIII

Si tu es donc sage, tu te déporteras de tel aveuglement, et sortiras de ténèbres et adoreras avec nous notre Dieu, comme suffisamment informé du mystère de la souveraine Trinité par la lumière rayonnante de vérité, et en l'adorant tu le connaîtras, tu ne seras aussi plus contraire au saint Évangile, où est exprimé comme le Verbe a été fait chair.

Ton Législateur Mahomet rejette l'incarnation du Verbe, qui est Jésus-Christ.

Car pour quelle occasion (dit-il) aurait il été fait homme, et crucifié en l'arbre de la Croix, puis qu'il pouvait par autre moyen racheter l'humaine nature ?

Ainsi donc ta Loi ne veut point avouer que Jésus-Christ ait souffert mort et passion, et aime mieux songer que c'est un autre qui est mort en sa place, elle ne veut confesser que Dieu a été fait chair, et ne veut le reconnaître crucifié.

Or nous voulons soutenir tous les deux, à savoir qu'il a été incarné, et qu'il a souffert mort et passion, et disons que c'eût été pour la rédemption du genre humain, comme aussi il témoigne lui-même, quand il dit, le fils de l'homme est venu pour sauver ce qui était perdu.

Un arrêt avait été donné incontinent après que Adam eut offensé, que toute sa postérité serait captive en lien de la coulpe, et que la porte du Paradis serait fermée, et que personne ne pourrait y rentrer, jusqu'à ce qu'il plut à la bonté divine réparer la faute commise, et rétablir la chute de l'homme qui était tombé en la fange et ordure du péché, qui avait été créé pour obtenir la béatitude éternelle.

A quoi s'opposait la justice divine qui voulait que satisfaction condigne fût faite, selon l'exigence du crime, alléguant que l'homme était débiteur de peine infinie, puisqu'il avait offensé une majesté infinie.

Au reste, concluant que l'homme n'était de soi-même battant pour sa grande insuffisance de réparer une offense infinie, partant elle persistait à demander la vengeance.

Mais d'autre côté la bonté et miséricorde divine, alléguait, qu'on devait prendre pitié et compassion de lui, tellement que ces deux vertus plaidaient leur cause et se faisaient partie l'une contre l'autre demandant d'être ouïes en leurs raisons et à cause comme dit le Psalmiste, que toutes les voies de Dieu sont miséricorde et vérité.

Or Dieu eut pu subvenir par un autre moyen à l'humaine infirmité (comme étant tout puissant) il a néanmoins choisi celui qui semblait plus conforme et convenable, à savoir le vêtir lui même du sac de notre humaine nature pour porter le faix, et payer la rançon de notre captivité.

Dieu donc a été fait homme, afin que l'homme fut fait Dieu.

La vérité est sortie de la terre, et Justice nous a regardé du Ciel.

L'humanité a été conjointe à la divinité, afin que la plénitude de grâce et clémence conforta notre imbécillité, lequel moyen de réparer nature seul a semblé convenable à la divine majesté.

Car il a satisfait à la Justice et à la Miséricorde tout ensemble.

Il a satisfait à l'Amour, et à la haine invétérée, par le seul bon plaisir de la divine puissance, laquelle surpasse par sa vertu toute notre défectuosité et impuissance, par le vouloir aussi de la Sapience divine laquelle ne fait rien sans raison, et n'exploite rien que proprement et sagement.

Et bien que de nécessité absolue sans laquelle autrement ne se peut faire, l'Incarnation du fils de Dieu ne fut pas nécessaire.

Et si nous prenons nécessité pour une décence, je ne crains de dire, que l'Incarnation du fils de Dieu a été nécessaire pour réparer la nature humaine. C'est pourquoi en la personne du fils dit Esaïe, Je suis Dieu, je suis Seigneur, et sans moi n'est aucun Sauveur.

A cause donc que l'homme ne pouvait se sauver lui-même, il a été besoin que Dieu se fasse homme, pour délivrer l'homme afin qu'il fut Dieu.

A ce propos un de nos Docteurs, a fort doctement parlé du mystère de la divine incarnation.

L'humilité et difformité de notre condition (dit-il) a été vêtu de la divine majesté.

La Vertu s'est affublée d'Infirmité, l'éternité a pris mortalité, et pour satisfaire à la dette de notre nature, la nature impassible s'est conjointe à la passible, et c'est le vrai Dieu lié et conjoint par union au vrai homme, afin que ce qui était nécessaire à notre rédemption fut fourni par le médiateur d'entre Dieu et les hommes, et fut fait passible par une nature pour souffrir mort, et par l'autre il fut puissant pour ressusciter, car s'il n'était vrai Dieu, il ne pourrait faire notre rédemption, s'il n'était vrai homme, il ne délaisserait exemple de vie.

Tu connais donc maintenant, que convenablement le fils de Dieu, a pris comme Dieu chair humaine, et comme homme il a souffert mort et passion.

Si tu veux en avoir plus suffisante preuve par le témoignage de l'ancienne loi, nous en fournirons assez pour te contenter.

Voici (dit Esaïe) une Vierge concevra et enfantera un fils qui aura pour nom Emmanuel c'est à dire Dieu avec nous.

Comment Dieu serait-il avec nous, sinon que le Verbe a été fait chair, et a demeuré avec nous ?

Derechef dit encore Esaïe, Un petit enfant nous est né, et un fils nous est donné, et sa domination est mise sur son épaule, et sera son nom appelé Admirable, Conseiller, Dieu fort, père du siècle à venir, le Prince de paix.

Considère donc je te prie, si le mystère de l'Incarnation n'est pas vrai, puisque les Prophètes parlent de choses futures, comme si elles étaient déjà accomplies?

Un petit enfant (dit-il) nous est né. Il l'appelle petit à la forme des autres petits auxquels il a servi d'exemple, comme aussi il est né de petite corpulence.

Et un fils nous est donné, selon ce que dit Saint Jean. Dieu a tant aimé le monde qu'il a donné son fils unique.

Il a donc été donné de la divinité, il a été né d'une vierge par humanité, duquel la domination ou empire est sur son épaule.

De quel Empire parle il, sinon du gibet de la Croix, en laquelle il a été étendu, et étant en celle-ci affiché, il a vaincu le monde, a surmonté les puissances infernales, et ayant par celle-ci triomphé du Diable est entré magnifiquement en gloire au Royaume des cieux ?

Car il était expédient que Jésus Christ souffrit mort (comme il confesse) afin qu'il entra en sa gloire.

L'empire donc et la domination a été sur son épaule, quand il a chargé le fardeau de la Croix pour le planter en Calvaire, bien qu'il fut secouru étant lassé par Simon le Cyrenéen qui la soulevait après lui, il est aussi dit admirable à cause des signes merveilleux qu'il a fait, quand il a rendu clarté aux aveugles, l'ouïe aux sourds, fait marcher les boiteux, donné vie aux morts, renforcé les débiles.

Il est dit Conseiller, du fait qu'il a ajouté à l'ancienne loi des conseils Évangéliques.

Il est dit Dieu, afin qu'on ne l'estime avoir été purement homme, car sa divinité a été conjointe et unie à l'humanité.

Il est dit Fort car il a brisé les portes d'airain, et barreaux de fer des enfers qu'il a dépouillé.

Il est dit Père du siècle futur, car il a ouvert la porte du Paradis aux élus, et qu'il a préparé mansion éternelle à l'homme après qu'il sera mort, au Royaume des cieux.

Il est dit Prince de paix, car à son avènement le Temple de Janus qui était à Rome a été fermé, et une paix admirable criée par tout le monde, et les Anges ont chanté, Gloire soit à Dieu des lieux très hauts, et en la terre paix aux hommes de bonne volonté.

CHAPITRE XXIX

Esaïe en un autre lieu prophétisant de l'Incarnation :

Le Seigneur (dit-il) est notre Juge, le Seigneur est notre Législateur, le Seigneur est notre Roi, il viendra et nous sauvera, qui est autant comme s'il voulait dire, il prendra chair humaine, et endurera mort pour nous, et ailleurs il dit, Vraiment tu es le Dieu caché, le Dieu d'Israël et Sauveur. Il l'appelle Sauveur d'Israël, à cause que par sa mort il nous a racheté de la mort.

Et afin qu'on ne pense qu'il parle d'un salut transitoire, ou de peu de durée, il ajoute, Que le peuple qui doit être sauvé, sera sauvé de salut éternel, lequel salut, reçoivent tous ceux qui veulent croire en lui, et bien que ce témoignage d'Esaïe soit très évident, il te faut encore entendre ce que dit Jérémie.

Voici les jours viennent, dit le Seigneur, que je susciterai à

David un germe juste, et il régnera comme Roi, il prospérera et fera Justice et Jugement en la terre, et des jours de celui-ci Juda sera sauvé, et Israël habitera en assurance, et voici le nom dont on l'appellera le Seigneur notre justice.

Je te prie, de remarquer ces paroles, et reconnaître les mystères, Je susciterai (dit-il) à David un germe juste, à savoir Jésus-Christ, Saint, et Juste, issu de la race de David selon sa nature humaine.

Car la Vierge Marie mère de Jésus-Christ, est descendue de la lignée de David.

Et il régnera (dit-il) comme Roi : Mais comment régnera-il ?

Certes ainsi qu'il dit en Saint Mathieu, Toute puissance m'est donnée au ciel et en la terre, il dit après, et sera Sage, à savoir d'une Sapience créée, laquelle convient à l'homme, et d'une Sapience incréée, laquelle convient à Dieu, et est devant toutes choses.

Et il fera (dit-il) jugement, à savoir de discrétion, et Justice de discussion, maintenant de discrétion quand il fait élection de ceux qu'il choisit entre les mortels, et laisse les autres en leur franc arbitre.

A la fin du monde il exercera Justice de discussion, quand il rendra à chacun selon qu'il aura mérité.

Il dit après, en ces temps-là Juda sera sauvé.

Comme s'il disait, que tous ceux qui croiront et seront baptisés seront sauvés, et Israël habitera en assurance, c'est à dire en Paradis, en l'état de l'Église triomphante, et l'appelleront de ce nom, Seigneur de notre Justice, afin que tu n'ignores que Jésus-Christ est né de la semence de David, et qu'il est non seulement homme, mais aussi Dieu, et cette prophétie ne peut convenir à autre qu'à Jésus-Christ.

Mais il nous faut encore ouïr le fidèle témoignage d'un Prophète qui s'appelle Baruch, voici ce qu'il dit, C'est celui-ci qui est notre Dieu, et nul autre ne sera estimé au prix de lui, c'est lui qui a trouvé toute la voie de science, et l'a baillée à Jacob son serviteur, et Israël son bien aimé.

Après cela il a été vu en la terre, et a conversé avec les hommes. Toutes ces choses nous déclarent manifestement l'incarnation du Verbe divin, et nous enseignent que le fils de Dieu a été fait homme.

Maintenant il nous faut passer plus outre, et parler de sa Passion, afin que tu ne prêtes l'oreille aux mensonges de ceux qui dogmatisent et blasphèment que Jésus-Christ n'est pas mort, ainsi qu'il a été translaté par une clémence et douceur dont il est plein, afin qu'au dernier jour du jugement il soit mis à mort avec tous les Anges.

Ô blasphème horrible, ô furieuse arrogance indigne d'être ouïe, ô folie non jamais entendue : Quant aux Anges, puisque nous les confessons être Esprits, et de substance spirituelle, il est tout évident, qu'ils ne peuvent mourir.

Mais venons à Jésus-Christ, lequel ils nient avoir été occis, et disent qu'il doit mourir quelque jour.

David en sa personne se complaint, J'ai payé ce que je n'avais pas ravi, car il a souffert mort pour le péché d'autrui, qui n'était coupable d'aucune offense.

Ce qu'il déclare encore plus ouvertement par son prophète quand il dit, Vraiment il a porté nos langueurs, et a chargé nos douleurs, toutefois nous l'avons estimé navré, et frappé de Dieu, et affligé.

Or est-il navré pour nos forfaits, et a été blessé pour nos iniquités, la discipline de notre paix est sur lui, et sommes guéris par sa plaie, car nous avons tous erré, comme brebis, chacun a décliné de sa voie, et le Seigneur a mis sur lui l'iniquité de nous tous.

Il s'ensuit après : il a été offert pour ce qu'il a ainsi voulu, et n'a pas ouvert sa bouche.

Et un peu après : il a baillé son âme à la mort, et a été mis au rang des méchants, celui-ci même a porté les péchés de plusieurs, et a prié pour les transgresseurs.

Certes quand ce Prophète là eu été présent à la mort de Jésus-Christ, il n'en eut su mieux témoigner.

Jérémie aussi n'a pas tu les amères angoisses qu'il a souffertes, quand il le fait ainsi parler étant sur l'arbre de la Croix.

Ô vous voyageurs qui passez par cette voie, considérez s'il y a douleur pareille à la mienne.

Et lui-même en son Évangile, Voici nous montons (dit-il) en Jérusalem, et le fils de l'homme sera livré aux Princes des Prêtres, et aux Scribes qui le condamneront à mort, et le livreront aux Gentils pour être moqué, et flagellé, et crucifié, et ressuscitera le troisième jour.

Derechef il dit en un autre lieu, Tout ainsi que Moïse éleva le Serpent au désert, il faut semblablement que le fils de l'homme soit élevé, afin que quiconque, croit en lui ne périsse point, ainsi qu'il ait la vie éternelle.

Et afin que tu ne doutes de cela, à savoir, qu'il s'entende de sa mort en l'arbre de la Croix.

L'évangéliste témoigne, qu'après qu'il eut pris le vinaigre, il dit, Tout est accompli, et enclinant le chef, il rendit l'Esprit.

Regarde donc, comme les Prophètes ont prédit que Jésus-Christ devait mourir et ressusciter le troisième jour, et comme les Évangélistes confirment sa mort en la Croix, sa sépulture, et sa résurrection.

Il n'y a donc rien de plus certain, et ne reste aucune ambiguïté que tout ne se rapporte à la vérité.

Jésus-Christ est ressuscité, il est monté au ciel, il doit retourner à la fin du monde pour faire jugement universel.

Mais ta loi ne veut pas confesser tout cela, à cause qu'elle ignore ce qu'il faut savoir et croire touchant le mystère de l'incarnation du fils de Dieu.

CHAPITRE XXX

Le jugement universel que l'Église attend, a été non seulement annoncé par les Évangélistes, mais encore par les anciens Prophètes, suivant ce que nous en avons déjà parlé par l'autorité de Jérémie.

Ce que aussi Daniel confirme.

Je voyais des visions de la nuit (dit-il) et voici comme le fils de l'homme, qui venait des nuées du ciel, et parvint jusqu'à l'ancien des jours, et le firent approcher devant lui, Puis il ajoute : Et il lui donna seigneurie, et honneur, et règne, et tous peuples, nations, et langues lui serviront.

Sa domination, est domination éternelle, laquelle ne sera point ôtée, et son règne ne sera point dissipé.

Par ces discours les expositeurs véritables colligent le jugement universel qui se fera à la fin du monde, comme aussi Jésus-Christ en parle, quand il dit : Je vous dis en vérité, que vous qui m'avez suivi, en la régénération, quand le fils de l'homme sera assis sur le trône de sa majesté, vous serez aussi séant sur douze sièges, pour juger les douze lignées d'Israël.

Les actes aussi des Apôtres font mention, que Jésus-Christ est constitué Juge des vifs et des morts, et comme il est monté il doit retourner.

Voilà le sentiment que nous avons de la foi d'un vrai Dieu, voilà ce que fermement nous croyons, voilà ce que sainement et salutairement nous enseignons, promettant la vie éternelle, à tous ceux qui se joindront à la foi Chrétienne, et recevant le baptême au nom de la divine Trinité, feront les œuvres qui sont requises et décrites en l'Évangile.

Me demande-tu ce qu'est la vie éternelle ? Ou bien veux tu savoir ce que l'homme y fait, et les délices et plaisirs spirituels qu'il y reçoit, ou quelle félicité il y acquiert ?

Je te réponds par l'autorité de l'Évangile de Saint Jean.

Que la vie éternelle, est connaître un seul vrai Dieu, et Jésus-Christ qu'il a envoyé.

Toute la félicité donc de la vie éternelle c'est voir et contempler Dieu en sa nature et essence, et toute la joie de l'Âme sera d'avoir jouissance de sa divine bonté, de laquelle nous serons remplis.

Pour-ce nous inférons que la totale félicité de l'homme consiste en la vision de Dieu, et en la connaissance de celui-ci.

Nous ne voyons maintenant Dieu que par un miroir en obscurité, mais alors nous le contemplerons face à face, en grande joie et exultation, comme confesse Job, et le Prophète David, nous verrons en la face reluisante de Dieu une splendeur, et serons enivrés de l'abondance de sa maison, et abreuvés du torrent de volupté, fait semblables à lui, comme témoigne Saint Jean.

Au reste jamais œil n'a vu, oreille n'a ouï et n'est monté en cœur d'homme, ce que Dieu a préparé à ceux qui l'aiment.

L'Apôtre aussi confesse, que les passions tribulations, et souffrances de cette vie, ne sont pas condignes à la gloire future, laquelle sera révélée en nous.

CHAPITRE XXXI

Ta Loi promet en la vie future une abondance de lait, de miel, de vin, et de viandes fort délicates, plusieurs femmes et concubines, la compagnie des vierges, et pucelles, ensemble le service des Anges en tel et si honteux office, et promet aussi affluence de tout ce que la chair, et la sensualité souhaitera.

Tel Paradis ne semble-il pas être plus pour un bœuf, ou un âne, que pour un homme ?

Qui est celui qui a face d'homme, et n'a en horreur telle chose ?

Qui ne voudra faire autre chose, que de mollement traiter sa chair, obéir à ses concupiscences, sans se recolliger et penser de sa conscience, ou qui ne voudra quelquefois repaître son entendement de l'aliment spirituel, et s'élever en contemplation s'écartant de ses propres sens ?

Le plaisir qu'on sent en l'accroissement de gloire et honneur, n'est-il pas plus excellent, délicieux, et perdurable, que la volupté charnelle ?

La louange d'avoir saintement vécu ; n'est elle plus douce que celle d'avoir bien bu et bien mangé ?

Le sage boit et mange pour vivre, mais ta Loi enseigne à l'homme de s'acquérir une longue vie par l'excès de boire et de manger.

Et tout ainsi que ton Législateur a été totalement engouffré au sale abîme de volupté charnelle pendant qu'il vivait en ce monde, il a aussi constitué son plaisir à méditer une vie animale et monstrueuse, pour la prêcher en l'autre vie, sans soin ou sollicitude de son âme, laquelle est demeurée affamée, et privée d'aliment pendant qu'il s'est totalement adonné à penser de son ventre, où il a constitué toute la félicité de l'homme.

Jamais les Philosophes Païens (peu exceptés) n'ont osé prêcher ni avouer telle vie, bien qu'une longue dispute se soit agitée entre eux, en quoi pouvait consister le souverain bien et la suprême félicité de l'homme.

Les uns l'ont mise en la carence de douleur, comme Didonius, les autres en l'honnêteté conjointe à la volupté, comme Calipho et Sinomachus, les autres en la science comme Erilus, les autres en la vertu et honnêteté comme Zénon, et les Stoïciens, les autres aux biens de l'esprit, du corps et de fortune comme Aristote et les Péripatéticiens, Seuls Aristippe et Épicure avec leurs disciples l'ont constituée en la volupté charnelle, auxquels ta loi se conforme, mais il faut que tu saches, qu'ils ont été la bourbe, lie, et écume de toute l'école Philosophique, toutefois si n'ont-ils point encore été tant dépourvus d'entendement, qu'ils aient cru que cette vie voluptueuse fut en l'autre vie une félicité, car ils n'ont pas eu opinion qu'il y eut une autre vie après la présente.

Or les vrais Philosophes Chrétiens, ne constituent point la vraie et souveraine félicité en la terre ni aux sens, mais bien au ciel et en Dieu, de la splendeur duquel ils savent que l'âme doit être remplie, et assouvie.

C'est ce que la nature même nous enseigne, laquelle est tellement composée qu'elle lève son aspect vers le Ciel, comme prétendant de tout son pouvoir y parvenir, suivant ce que dit le Poète, Les animaux courbés ont l'aspect ténébreux Vers la terre fiché, mais l'homme a son visage Vers le ciel élevé, et y dresse les yeux Comme au ciel avec Dieu prétendant l'héritage.

Qui est celui qui ne connaît ce qui lui est ordonné pour sa fin ?

Tous les délices et passe-temps ont été inventé en ce misérable monde pour ôter l'espérance de mieux avoir à l'homme, afin de le détourner du but où il doit tendre, qui est Dieu.

Qui est celui qui boit, mange, et engendre des enfants, sans sentir plaisir et délectation charnelle en telle œuvre ?

Et toutefois tel n'est le but et scope où l'homme doit viser, celui notamment qui cherche Dieu, car il doit directement aller à lui, et ne connaître aucun plaisir ou repos, ne sentir aucune joie et délectation, que celle qu'il prétend en Dieu qui est sa dernière fin.

Car tant s'en faut qu'il puisse parvenir à ce but qui est Dieu par voie de volupté, et charnel plaisir, qu'il s'en éloigne et recule, et de tant plus l'homme est heureux qui met peine à se conforter à la volonté divine, et à suivre la vie Évangélique sans se soucier des plaisirs et voluptés, ayant jouissance des biens plus spirituels, et profitables, de tant moins est heureux celui qui fait le contraire.

Car tout ainsi que l'eau et le feu ne se peuvent jamais accorder, aussi les délices spirituels n'ont aucune convenance ni association avec les délices charnels, car les spirituels maîtrisent tellement leur humaine nature, qu'elles ne lui permettent d'appréhender quelque sentiment du plaisir charnel.

Quand on goûte le spirituel (dit quelqu'un de nos Docteurs) la chair n'a aucune saveur.

CHAPITRE XXXII

Ta Loi promet je ne sais quelles voluptés au Paradis, que jamais Solon ne voulut permettre en la terre, je laisse à penser à tous les hommes, combien de corruption et d'ordure, et de vilenie, proviennent du boire et du manger, et du plaisir charnel, de façon qu'on estime un blasphème de mettre tels délices au Paradis, car il y a une trop exorbitante absurdité qui s'en ensuivrait.

Qui est, que si les hommes par telle copule engendraient des enfants au Paradis, il serait à la longue tant peuplé que jamais l'engeance ne finirait, que si tu dis qu'on n'engendrerait point d'enfant, quelle conjonction donc prétend ta loi de l'homme et de la femme sans espérance de fruit, vu que cela est contre nature, et ressent une honte trop grande plus que bestiale.

Mais tu nous pourras aussi faire une demande et question.

Pourquoi donc nous autres, confessons que les femmes seront bien-heureuses au Paradis avec les hommes, s'il n'y a point de commixtion des deux sexes ?

Avant de répondre je te demanderai aussi, à quoi pourra servir la copulation charnelle en ton Paradis, si la génération ne s'ensuit ?

Peut être que tu me diras, que c'est à l'occasion de la volupté qui s'accomplira, soit, mais qui est-ce qui ne voit que telle volupté est trop infâme, et honteuse, pour avoir place au Paradis, vu qu'elle est tant décriée en terre, et que chacun la chasse comme une peste abominable, et pernicieuse ?

Que si elle a quelque cours c'est pour conserver seulement l'humaine nature, ou pour éviter un plus grand mal.

Au reste Hippocrate homme docte, et de bon jugement, a écrit que la copule charnelle cause en l'homme fort souvent une mauvaise maladie qu'on nomme Épilepsie ou mal caduc, autrement mal de Saint Jean.

Qui est celui qui a quelque honte naturelle, et pudeur au front, se voudra hasarder à un si grand danger pour les plaisirs et délices qui sont aux charnels embrassements, vu que bien boire, bien manger, et se déborder à la commixtion charnelle, est se rendre conforme aux Truies, Ânes, et bêtes brutes, et non pas vivre en homme raisonnable.

Je t'assure que celui qui a l'esprit bien modeste et rassis, jamais n'ira chercher au ciel si grande ordure.

Mais tu pourras nous objecter un autre inconvénient.

Qui est que la félicité de l'homme, ne sera donc pas accomplie entière, si quelque espèce de délectation et plaisir lui manque.

Or sur cela je te demanderai, si ton Mahomet a promis de donner en son Paradis indifféremment toutes sortes de plaisirs et ébats que pourraient souhaiter les hommes ?

Où est ce qu'il promet, qu'on sautera, qu'on dansera, qu'on jouera au tripot, qu'on ira à la chasse, qu'on pêchera, qu'on folâtrera sans cesse, ou qu'on fera choses semblables ? Diras tu avec Virgile.

Tous plaisirs que plus furent à gré aux chariots et armes en leur vie telle que fut leur étude et envie d'avoir chevaux et nourrir pour la guerre tel soin les suit encore sous la terre ? Etc.

Telle philosophie est totalement vaine, frivole, et inutile, et n'a jamais eu le crédit d'être reçue en aucune cité, si elle y avait d'aventure pris premièrement son siège, et y a été bâti et composé.

CHAPITRE XXXIII

Les délices donc et plaisirs de l'Esprit que nous prétendons en la béatitude éternelle qui est l'autre vie, est la jouissance de la vision de Dieu (comme nous l'avons dit) qui n'a sa semblable joie, plaisir, et délectation.

Car alors l'Esprit béatifié verra tout ce qui est au Ciel, et sous le Ciel, à cause que rien ne lui sera caché, puisqu'il contemplera celui qui voit toutes choses.

Tout ce que maintenant nous trouvons obscur, comme est la vision de Dieu, le mystère de la Trinité, l'Incarnation du fils de Dieu, la procession du Saint Esprit, les Sacrements de l'Église, et toutes autres choses secrètes et cachées seront révélées, et ne se trouvera aucun doute, ou privation de plaisir spirituel.

Car l'âme douée, et enrichie de toutes choses spirituelles se contentera, en ce qu'elle se verra n'avoir défaillance de tout ce qu'elle désirera, parce que ce qui est plein n'a pas désir de plus.

Nos désirs seront totalement remplis de la bonté de notre Dieu, qui est accompli en tous biens, et ne permettra que nos désirs soient vides et épuisés de sa grâce.

Il sera tout en tous, et sera vu sans aucune fin, aimé sans

mesure, loué sans cesse et lasseté.

Où est la langue qui pourra suffisamment exprimer, où est l'entendement qui pourra comprendre les joies et plaisirs de la bienheureuse cité ?

Quelle joie, d'être colloqué au rang des Saints, être contemplateur de la gloire divine avec les Anges, voir Dieu en face, jouir d'une lumière qui ne se peut comprendre, être exempt de douleur de mort, obtenir le don précieux d'éternelle incorruption ?

Il ne faut point estimer, que la félicité du corps humain, puisse consister aux délices du corps, c'est à dire au bien boire, bien manger, et embrassement charnel.

Le corps doit être vêtu de gloire, et participer à la lumière de l'âme qu'elle a en la béatitude.

Alors il reluira comme le Soleil en la présence divine, et aucune matière ne portera nuisance à la subtilité, agilité, et ténuité d'un jet d'œil, il parcourra grande distance de lieux, et rien ne pourra l'empêcher ou offenser, car sans corruption, il sera impassible aussi bien que l'Âme, tellement que l'homme accompli de toute perfection, chantera en toute joie et liesse avec le Psalmiste, Mon cœur et ma chair se sont réjouis au Dieu vivant.

CHAPITRE XXXIV

Non sans cause la différence du sexe, et les autres membres seront réservés et les hommes ressusciteront avec tous leurs membres entiers, comme aussi seront les femmes, non seulement en espèce, mais aussi en perfection d'humaine nature, qui sera réformée en son ancien état, sans que toutefois les opérations sensuelles et corrompues puissent avoir lieu, ou que la commixtion charnelle de l'homme et de la femme s'accomplisse, parce que la cause cessera, pour laquelle avoir été ordonné telle commixtion, car le nombre prescrit de Dieu, sera complet, et ne restera aucun désir charnel.

L'ennemi même ne pourra plus suggérer quelque tentation, ou émouvoir quelque chatouillement, et ses embûches n'auront lieu, puisqu'on sera délivré de sa puissance, et qu'on aura obtenu le triomphe, ou la paix ne pourra être troublée, ainsi repos, tranquillité, et concorde y régneront à jamais.

Considère maintenant, quelle différence il y a entre la béatitude que nous attendons, et celle que te promet ton Législateur.

La notre répond à la plus noble partie de l'homme qui est l'Âme.

La sienne répond à la plus vile, à savoir au corps.

La notre est spirituelle, la tienne est charnelle, la notre est nette, et claire, la sienne, est obscure et troublée, la notre est commune avec Dieu et les Anges, la sienne est conforme avec les brutes, et pourceaux, la notre est louée et prisée des Sages, la sienne est réprouvée, la notre est digne du ciel, la sienne est abominable au monde.

Or je ne doute que tu me voudras alléguer en te servant de vaines et futiles objections, que souvent la sainte Écriture fait mention de banquets chargés de viande qui se promettent au Ciel, comme dit Esaïe, Le Seigneur des armées fera en cette montagne un banquet à tous de choses grasses, un convive de vendange, un convive gras, plein de moelle et de vin.

Et au livre de Sapience il est écrit, que la Sapience a mêlé du vin, et a préparé sa table, et puis elle invite, Venez, mangez mon pain, et buvez mon vin que je vous ai mêlé.

Et derechef, il est dit en l'Ecclésiastique, que Dieu les réfectionne du pain de vie, et d'intelligence, et les abreuve de l'eau de Sapience, et notre Seigneur dit en son Évangile, Je vous dispose, ainsi que mon Père m'a disposé le royaume, afin que vous mangiez et buviez sur ma table en mon royaume.

A ces choses nous te répondons, et à tout ce qu'on nous peut objecter de semblable, que cela se doit entendre en sens mystique et spirituel.

Car à la table de Sapience (dont est ici faite mention) ne se boit et ne mange autre chose que viande spirituelle convenable à celle-ci, laquelle viande est pour les âmes, afin de les consoler, et conforter, et il n'y a autre viande pour les rassasier en la béatitude éternelle.

Partant je conclus que ladite béatitude est d'autant plus excellente que la tienne, comme de plus près elle approche de la divine excellence, et est plus conforme et convenable à la gloire de Dieu.

CHAPITRE XXXV

Il nous faut maintenant produire les inepties, rêveries, et absurdités de ta Loi, tant celles qui contreviennent directement à la vérité de la sainte Écriture, comme celles qui répugnent aux raisons philosophiques.

Pour venir donc au point, ton législateur se vante, que Dieu l'a touché de sa main entre les épaules, et que la froideur de cette main a pénétré jusqu'à la moelle de son dos.

Comme s'il voulait par cela inférer, que Dieu a des membres corporels : Car l'attouchement ne se peut faire sinon par le moyen du corps, mais nous croyons pour tout certain que Dieu n'a aucun membre, car il dit par Jérémie, qu'il remplit le ciel et la terre, ce qu'il ne pourrait faire s'il était corporel.

Et la Sapience dit, que l'esprit de Dieu a rempli toute la terre, elle ne dit pas le corps de Dieu, mais l'esprit de Dieu, comme aussi saint Jean dit en son Évangile, Que Dieu est un esprit.

Les Philosophes mêmes, disent que Dieu est un acte pur (c'est à dire) non composé, ainsi simple, et duquel toutes choses ont pris leur origine qui est de nature simple, et éternelle.

Que s'il était corporel, il serait composé des éléments, ou de quelqu'autre matière, et par ce moyen serait extrême en ses parties, et ne pourrait être, ni simple, ni pur, ni l'origine de toutes choses.

Les Anges, qui ne sont que créatures, seraient plus excellents que lui, à cause qu'étant esprits, il est certain que les choses spirituelles, sont plus nobles que les corporelles.

Ce que jamais il ne faut songer, encore moins affirmer de Dieu, sous peine de blasphème et d'impiété suivie d'une absurdité toute évidente.

Car il ne se peut faire, que Dieu soit cause des causes, comme les Philosophes l'ont très bien reconnu et qu'il soit composé, du fait qu'il serait conséquent, qu'il aurait été composé de quelqu'un d'autre, et celui qui l'aurait composé, mériterait mieux d'être Dieu que lui.

Il faut donc soutenir que Dieu n'a aucun membre corporel, en raison qu'il ne se peut qu'il soit composé.

Il est vrai que les écritures lui attribuent souvent un chef, des pieds, des mains, des yeux, des doigts, un cœur, un ventre, et autres membres, mais le Saint Esprit parle en celles-ci par similitudes, comme il dit par Osée, J'ai multiplié la vision, et ai été montré par similitudes des mains des Prophètes.

C'est une chose naturelle à un homme de parvenir par les choses sensibles, aux intellectuelles.

Car toute notre connaissance se commence par les sens.

Ainsi en la sainte écriture les choses spirituelles nous sont manifestées par la métaphore des choses corporelles, afin que les simples gens puissent parvenir à quelque intelligence, qui d'ailleurs seraient ineptes à entendre les mystères de la divine Sapience.

CHAPITRE XXXVI

Ton Mahomet, dit aussi que Dieu est cause de tous les péchés qui se commettent au monde, et s'écrie en telle manière.

Ô Dieu tu octroies à tous ceux qui te plaisent bonne voie, et à ceux aussi que tu veux mauvaise.

Mais nous disons tout au contraire, car nous confessons que le péché mortel est une aversion de la dernière fin, et ne pouvons penser être possible que Dieu qui est la dernière fin, puisse rejeter de soi la bonne affection qu'on lui porte, car il serait contraire à lui-même.

Que s'il est ainsi, qu'il aime tout ce qui subsiste en terre (dit le Sage) et ne peut haïr tout ce qu'il a fait.

Comment serait il crédible qu'il fut cause du péché, vu que David parlant à lui, Tu as en haine (dit il) tous ceux qui commettent iniquité.

Et l'Ecclésiastique dit, Que Dieu hait toute erreur exécrable.

Amour et haine sont deux choses.

Mais écoute une autre erreur de ta loi.

Si choses adverses nous adviennent (dit ton Mahomet) elles sont advenues à d'autres.

Car les jours sont casuels, sujets à fortune.

Par ce moyen il nie appertement la providence divine, qui a soin des choses basses.

Mais l'Écriture nous enseigne que la Sapience divine, atteint en sa force d'un bout à l'autre, et gouverne toutes choses comme il appartient, et que la bonté divine ne néglige point ce qu'elle a créé, pourtant Jésus-Christ dit en saint Matthieu, que tous les cheveux de notre tête sont comptés.

Mahomet ajoute, que les Anges ont été créés d'une flambe de feu, qu'ils pèchent, et qu'ils sont morts, voici bien des mystères.

Si ce que nous disons avec le Prophète, Qu'il fait ses esprits Anges, et soutenons qu'il les a créés de rien, et pour preuve de notre dire, nous nous servirons de l'opinion des Philosophes, qui disent que les Anges (appelés par eux, intelligences) sont sans corps, et nous ne pouvons croire qu'ils pèchent, depuis l'heure qu'ils ont été confirmés en grâce.

Au contraire nous croyons qu'ils contemplent Dieu incessamment, lequel voit tout en sa propre essence, et en lui connaissent tout ce qui est nécessaire, et utile à leur perfection, en eux il n'y a aucune ignorance, mère et nourrice du péché, et croyons aussi que la nature Angélique, n'est point sujette à corruption, car aucune matière ne peut se trouver en celle-ci, laquelle puisse se séparer de sa forme, mais cette forme subsiste en soi immortelle et incorruptible.

Parmi les œuvres d'Origène homme excellent en doctrine, et de divin esprit on trouve bien quelques erreurs semées qui sont pernicieuses, entre lesquels on en remarque une signalée, à savoir que les Diables seront à la fin sauvés, par la miséricorde et clémence divine, et qu'ils seront délivrés des peines d'enfer.

Ton Mahomet n'a pas failli de recueillir cet erreur, car il dit en son Alcoran, que les mauvais Anges seront sauvés.

A quoi néanmoins l'écriture contredit en Esaïe, où il est écrit Que le ver de ceux-ci jamais ne mourra, et le feu qui les tourmente ne s'éteindra jamais, ce que confirme Jésus-Christ en saint Mathieu, où il envoie les méchants au feu éternel au jour du Jugement, avec les Diables, et mauvais Anges.

CHAPITRE XXXVII

Ton Législateur persiste en ses blasphèmes, et dit que l'Âme de l'homme, est une part et portion de l'essence et âme de Dieu.

Or a-t-il appris cela de la tradition de quelques Philosophes, que les Manichéens ont aussi retenue ?

Si ce que nous savons bien est contraire, car l'âme de l'homme a été faite à l'image et semblance de Dieu, suivant ce qui est écrit en Genèse : Faisons un homme à notre Image et semblance, voulant entendre de l'Âme, et non pas du corps, que si l'Âme était une part et portion de Dieu, il faudrait inférer qu'elle serait aussi Dieu, et par conséquent que tous les hommes seraient Dieux, ce qui est trop absurde, et qui soutiendrait cela serait présomptueux et plein de blasphème.

Car l'âme peut tomber de bonté, en méchanceté fort aisément, de vérité en erreur, de joie en tristesse, d'espérance en désespoir, ce qui ne convient pas à la Déité.

Or il n'est pas non plus vrai, ce que ton même Législateur te fait croire que les Âmes des hommes ont été produites de matière préjacente, car les Philosophes ont enseigné que l'entendement de l'homme est, ab extrinseco, c'est à dire, qu'il n'est matériel, et que l'Esprit vital est produit par la divine jussion.

Au reste, nos Théologiens soutiennent que toutes âmes raisonnables sont créées de rien.

Et quand Adam vit le corps de sa femme formé, il dit, Voilà l'os de mes os, et la chair de ma chair, il ne dit pas voilà une âme de mon âme.

Le prophète David dit, Qu'il a formé des cœurs l'un après l'autre, prenant le cœur pour l'âme, du fait que le cœur est le siège de l'âme.

D'avantage, Dieu s'est réservé la production, et création des âmes, à raison de leur excellence et dignité, comme il dit en Esaïe, Je ferai les souffles, Ce qu'il faut entendre du souffle spirituel, qui est l'âme raisonnable.

Je passe sous silence, que ton Mahomet enseigne que le Ciel a été fait d'une fumée, que s'il était ainsi, il serait sujet à corruption.

Passons outre, car j'ai honte de référer, ce que le même Imposteur n'a point eu de vergogne de dire impudemment que le Soleil et la Lune ont eu dès le commencement une même lumière et vertu, vu que nous savons mieux par la leçon de la Genèse, que le ciel a été créé de rien, et que Dieu a fait deux grands luminaires, dont le plus grand devait servir pour le jour, et le moindre pour la nuit.

CHAPITRE XXXVIII

Venons maintenant à disputer, ce que vous jugez être le plus doux et délicieux en toute votre loi, c'est (dites-vous) la pluralité des femmes, mais je crois que si cela devait être agréable à Dieu, il en eut par incomparable Sapience formé plusieurs dès le commencement du monde pour les donner à l'homme, afin de plutôt multiplier la race humaine, au contraire il commanda à l'homme expressément de quitter père et mère, pour adhérer non à plusieurs femmes, mais à une seule, et qui fait encore l'argument plus valide, est que l'amitié qui est requise entre l'homme, et la femme, ne peut être parfaite et entière, s'il y en a plusieurs ou si elle est divisée.

Car si on chasse l'unité, la division s'ensuit, et le désordre quand l'amour se départ en plusieurs, et je veux bien que tu sois averti, que le nombre des hommes ne se peut de beaucoup accroître, pour la multiplicité des femmes.

Car combien d'hommes meurent-ils sans hoirs faute de femmes, en raison que ceux qui ont des moyens en ont trop, et les femmes qui sont en plus petit nombre que les hommes bien à peine peuvent-elles fournir à tant d'hommes.

D'avantage, c'est une chose bien étrange à la liberté naturelle des citoyens, que les uns prennent plusieurs femmes en mariage, et que les autres n'en aient point et vivent solitaires.

Peut être que tu allégueras l'ancienne coutume de la Loi, où il était permis aux saints Patriarches d'avoir plusieurs femmes.

Mais tu dois savoir, qu'ils n'usaient point de telle licence pour assouvir leur volupté charnelle, mais c'était par dispense divine, afin de multiplier la sainte semence qui croissait pour le service de Dieu.

Je me veux taire du divorce qui se fait entre vous, qui contrevient à la loi Évangélique.

Et me tairai encore, des adultères énormes, fornications, et incestes abominables qui règnent parmi vous, contre toutes lois vieille, et nouvelle.

Au reste je n'ai pas le loisir de coter et remarquer toutes les erreurs qui sont en ta loi, à cause que je n'ai pas l'opportunité de les rédiger par état.

Et je crois que tu ne serais pas toi-même de loisir pour les lire, j'appelle seulement ta conscience à témoin, et ton naturel jugement, si tu n'aperçois pas bien, en ton imagination naturelle de ton vif esprit, que tous ces documents de ta loi, sont sans fondement, mal ordonnés, et encore plus sottement controuvés, tellement qu'on ne saurait les convaincre, par raisons bien vives, que par leurs mêmes mensonges, et impostures.

CHAPITRE XXXIX

Toute notre dispute, consiste en la confession d'un Dieu auquel tout se réfère, elle consiste aussi en la foi de la divinité de Jésus-Christ.

Si tu veux admettre ces deux points, nous n'avons plus que faire de quereller, car il ne restera plus qu'à obéir à sa loi, et croire à ses paroles qui contiennent vérité, puisqu'il ne peut mentir.

C'est donc en sa Loi que nous trouvons (ce que nous avons déjà montré ci-dessus) qu'il y a une Trinité de personnes en la divinité, avec unité d'essence, c'est là que nous trouvons l'Incarnation du Verbe, la procession du Saint Esprit, et tout ce que nous avons prouvé ci-avant, jusqu'au dernier Jugement.

Nous avons prouvé suffisamment par les témoignages de l'ancienne loi, et des Prophètes que Jésus-Christ est Dieu, ce qui ne peut aussi se prouver par ta Loi, laquelle confesse qu'il a été Saint Prophète, et homme divin.

Que si elle tient cela pour vrai, je peux donc conclure qu'il a été Dieu, comme lui-même se confesse Dieu, quand il fit, Moi et mon Père sommes un, et qui me voit il voit mon Père, Si vous croyez en Dieu, croyez aussi en moi.

Ainsi par plusieurs témoignages on peut colliger la divinité de Jésus-Christ, et que sa majesté est semblable à celle du Père, et saint Esprit.

Rien ne reste donc plus, qui te puisse empêcher d'embrasser notre loi, comme étant la plus véritable et salutaire, instituée de Dieu, et quitter la tienne, où il n'y a aucune vérité ni salut, étant dictée par un homme hébété et rempli d'ignorance, homme flagitieux, et farci d'impiété.

Tu as ouï combien nous avons produit de témoignages de l'ancienne loi, qui attestent comme Jésus-Christ est vrai Dieu et vrai homme, car il a souffert le supplice de croix pour nous racheter.

Tu as entendu les dépositions du très saint Évangile, et les mêmes paroles de Jésus-Christ que ta loi reconnaît pour saint homme.

Qui t'empêche donc de recevoir le baptême ?

Qui retarde l'eau pour te baptiser ?

Que songes-tu, que crains-tu, qu'attends-tu ? Entre en la voie du salut, et tu accompagneras si grand nombre de gens de bien, tant d'excellents personnages, tant d'Empereurs et Monarques, afin que sous le manteau du nom de Jésus-Christ, tu puisses parvenir au salut éternel.

Nous t'avons déjà proposé l'exemple de Constantin, et Philippe, Empereurs, lesquels ont gouverné l'Empire Romain, et se sont rangés à la foi de Jésus-Christ.

Les Césars qui ont succédé au dit Constantin, ont suivi la trace de leurs ancêtres, et sont morts en la confession de la foi de Jésus-Christ, excepté Julien l'Apostat, lequel ayant été pris au cloître où il s'était réfugié, pour être élevé à l'état de l'Empire, Apostat de sa religion, pour se faire renégat Idolâtre, du fait que l'idolâtrie, comme le Mahométisme permettait de pécher impunément, et mener une vie lubrique et scandaleuse, en tout vice et dissolution.

Aussi reçut il son loyer en la guerre Persique, quand il fut atteint et percé d'une flèche par un soldat inconnu, et dépitant le Ciel, reçut son sang coulant de la plaie pour le jeter en l'air maugréant Jésus-Christ avec blasphèmes, le confessant néanmoins victorieux quand il criait, Tu as vaincu Galiléen, par ce mot Galiléen voulant entendre Jésus-Christ.

CHAPITRE XL

Nous trouvons par le discours des histoires, quelques Empereurs, qui ont été Schismatiques et hérétiques, lesquels bien qu'ils fussent Chrétiens, s'ils n'ont pas toutefois cheminé la droite voie, aussi en trouvons nous d'autres qui n'ont point goûté du poison d'hérésie, comme fut Jovinian, Gratian, Justinien, Valentinian, Justin, les deux Théodoses, Arcadius,

Honorius, Charlemagne, Louis le Débonnaire, et plusieurs Français et Allemands, Les trois Othons, les Henris, et plusieurs autres, nous passons sous silence les autres Rois, d'heureuse mémoire, lesquels ont conservé les sceaux de notre Foi inviolable, tant en France, Espagne, Angleterre, qu'autres provinces Chrétiennes, et sont allés après leur trépas (comme nous présumons) prendre possession de l'héritage céleste, avec lesquels tu pourras cheminer en assurance et sans vergogne, et pourras soumettre ton col sous le joug de la foi, pour régner sous Jésus-Christ, qui fait régner les Rois (dit le Sage) et que les instituteurs des lois ordonnent ce qui est juste, tu trouveras plusieurs Rois qui t'honoreront, tout aussitôt qu'ils sauront, que tu auras embrassé le Christianisme.

Car le temps passé plusieurs Princes avaient le nom de Chrétien en horreur, et persécutaient les Chrétiens pour défendre leurs Idoles, mais depuis qu'ils ont été informés de la vérité, la chance a tellement tournée, qu'ils ont aboli leurs Idoles pour honorer Jésus-Christ.

Considère je te prie combien est honnête la compagnie, avec laquelle nous voulons te joindre, en te retirant d'une brutale vie, et conversation mauvaise, à une voie de vérité, et de paix.

Prends garde combien est sale, infâme, et déshonnête la Loi en laquelle tu es né, qui t'égare, et mène à la perdition, qui a mérité louange de tous tes ancêtres, sinon la famille des Ottomans d'où tu as pris naissance ?

On fait cas d'un Saladin, et quelques autres en petit nombre, qui ont vraiment laissé quelque marque de prouesse et de vaillance.

Mais la renommée de nos Princes Chrétiens très victorieux vole bien plus outre, et enfle grandement les histoires.

Leurs actes héroïques se célèbrent, par toute la Syrie, l'Asie, et l'Égypte.

C'est où se trouve un Godefroy de Bouillon, un Baudouin, Bohémond, Tancrède, Conrad, Philippe, et autres en grand nombre, qui sont sortis des Gaules et Allemagnes, avec forte armée, et copieux exercite, pour s'aller camper devant Jérusalem, se faisant voie à travers les ennemis, c'est à tels guides, et conducteurs que nous te voulons adresser, et avec eux te joindre à Jésus-Christ.

Qui est-ce qui ne juge que tels Princes soient plus courtois, et débonnaires, qu'un tas d'Égyptiens, et peureux Arabes ?

Ta race (ainsi que nous avons ouï réciter) est Scythique, or nous lisons aux Pancartes anciennes, que les Scythes ont été en armes fort redoutables, et ont tenu l'Asie tributaire durant un long espace de temps, même ont repoussé les Égyptiens, et les ont réduit en leurs bornes marécageuses.

Les Égyptiens et Arabes, ne peuvent entrer en comparaison avec les Scythes, en raison qu'il n'y a bille pareille, entre le hardi et le couard, le fort et le faible.

C'est ce à quoi je m'émerveille, comme les Arabes par leur enchanterie, ont pu charmer et attirer à leur faction les Scythes tant généreux, et de rare prestance en fait de guerre, que dis-je faction ?

Ce n'est faction ni alliance, mais servitude, puisqu'il se faut assujettir à leur loi, et encore, à la mienne volonté que ce fut quelque Loi sainte, et non pleine de dol, imposture, et tromperie.

Ne te serait-il pas plus convenable, voir profitable, de t'associer avec les Chrétiens ?

On doit se délecter de hanter toujours les hommes vertueux et bien famés, et qui sont de même qualité.

Car la vertu est amie de vertu, c'est une belle chose, et de longue durée de s'allier à ses semblables qu'il n'y ait différence de foi, et de religion.

Range toi donc au nombre des Chrétiens, reçois la foi et le baptême, qui anoblira tout le reste de ta vie, et te donnera un heureux accroissement en ce monde, et te rendra encore en l'autre plus heureux.

CHAPITRE XLI

Tu as donc ouï de nous, et as été suffisamment informé par nous des promesses Évangéliques, suivant ce que nous t'avons discouru par le texte de la sainte Écriture, afin que tu saches comme tout ce que nous te persuadons est bien fondé sur la parole de Dieu.

Mais je me doute que tu as crainte que nous te trompions, ou que nous te faisons accroire le faux pour le vrai.

Car tu te souviens de ce que ton Législateur dit que la loi a été falsifiée par les Juifs, et l'Évangile par les Chrétiens, et que nulle vérité est restée sinon celle qu'il a fourrée dans son Alcoran.

Je crois que tu ne penses que cela soit vrai, et je me persuade que c'est cela qui te dégoûte de notre foi, et de prêter créance à nos discours, et te détourne de la susception du Saint Baptême, tant tu es craintif, et peureux.

Ô, à la mienne volonté que ton Mahomet eut autant acquis de bon renom d'avoir été homme bien, comme il a le bruit, d'avoir été faux imposteur, et pipeur rusé.

Si je te veux bien assurer, quelque chose qu'on dise, que toute sa loi ne tend à autre fin que de perdre les âmes par sa piperie, et à les rendre totalement brutales, et sans raison.

Car je veux soutenir, qu'il a été privé de la grâce du saint Esprit, et que le Diable, lui a assisté en toutes ses inventions et rêveries.

Son but a été, d'établir une je ne sais quelle loi, soit bonne, soit mauvaise, pour s'acquérir quelque bruit et vogue parmi les hommes, et a voulu par un flagice tant détestable, et insigne impiété briguer la renommée, ainsi que fit Erostratus, lequel pour s'acquérir une immortelle gloire en la bouche des hommes, s'avisa d'aller mettre le feu au Temple magnifique de Diane en Éphèse.

Ainsi donc ton Mahomet, considérant que l'une et l'autre loi ancienne et nouvelle, sainte, et bonne, avaient quelque rigueur et austérité redoutable au vulgaire qui ne demande qu'à vivre en liberté, délicieusement.

Il s'est avisé de forger une autre loi, où il prêcherait une liberté, et lâcherait la bride à forger toute volupté, afin que chacun en fut amoureux, et qu'un peuple sensuel courut aux lacs de telles traditions nouvelles, et riantes.

Car bien que les Gentils fussent assez élargis en leur loi, bien d'avantage que les Chrétiens, si avaient-ils nonobstant toujours en recommandation les belles vertus de Continence, Frugalité, Modestie, Tempérance et autres et avaient en singulière révérence l'avis des Philosophes qui enseignent la vertu, tellement qu'ils obéissaient à leurs préceptes, et ne voulaient permettre que la volupté régna aux Républiques, ou que les hommes se laissent corrompre par les vices, et efféminer par les charnelles concupiscences.

C'est donc ce qui a fait voguer et accroître la secte Mahommetique, que de lâcher la bride à tout vice et volupté.

A cause qu'elle permet autant de femmes qu'on peut nourrir, donne licence de les répudier quand on en sera saoulé, donne congé d'avoir des concubines autant qu'on voudra sans recherche, et permet qu'on se donne du passe-temps tant qu'on en voudra, sans conscience.

Il est vrai qu'il a ordonné quelque forme de jeûne, mais ce n'a été à autre fin, que pour émouvoir d'avantage la volupté charnelle, à cause qu'il commande que le jeûne se fasse de jour, et permet que la nuit on fasse bonne chère, et qu'on fasse autant, ou plus d'excès, que nature peut porter.

Il a aussi défendu le vin, mais c'est à cause, que l'Arabie, est une région chaude, et brûlante, de façon que le breuvage froid, y est plus en délices, que n'est le vin voluptueux.

Telle donc a été la ruse et invention de Mahomet, pour donner crédit, et vigueur à sa Loi, que de décréter choses douces et plausibles pour amorcer à tels appâts le peuple qui d'ailleurs, vit brutalement adonné à ses plaisirs, et de fait il n'a point été déçu de son intention, car il a obtenu ce qu'il avait pourpensé, en raison que la loi a été en peu de temps si favorisée, qu'elle a obtenu le consentement universel des nations et langues qui étaient désireuses de plus large voie, voyant que ses fondements étaient posé sur la volupté charnelle.

Car tout ainsi qu'un curieux laboureur qui plante une vigne, fait des haies, et des fossés à l'entour, afin que les bêtes sauvages ou autres, n'entrent dedans pour la gâter.

Aussi a été soigneux Mahomet de munir et fortifier sa loi maudite, de certaines défenses, comme fin et cauteleux qu'il était, prévoyant bien qu'elle serait impugnée si on l'approchait de près pour l'éplucher, et qu'on l'arracherait par bonnes raisons des cœurs de ceux qui trop légèrement l'auraient reçue, Il l'a, dis-je, munie de défenses, c'est qu'il a dit que l'Écriture sainte était toute corrompue et falsifiée tant en la loi ancienne que nouvelle, afin que les arguments et témoignages qu'on prendrait en celle-ci, pour impugner la fausse loi, fussent de nulle efficacité, disant au surplus qu'il avait tiré toute la moelle de la vérité de cette écriture pour la mettre en son Alcoran.

Et par ceci, qu'a faute d'arguments et témoignages de l'Écriture, on pourrait encore avoir recours aux vives raisons, pour prouver la fausseté de sa loi.

Il y a pourvu, et a fait défense à toute personne de disputer de sa loi, ou de demander raison de tout ce qui y est contenu, voir avec menace, de faire mourir honteusement celui qui s'en voudrait enquêter plus avant.

Voilà donc comment il a muré sa loi de remparts, comme rusé imposteur non législateur.

Si est-ce que tels remparts, ne sont pas si forts que Diamants, fer ou pierre dure, car étant façonnés de matière légère, et de boue, aisément on peut les abattre, et ils ne pourront endurer le Canon, mais céderont à l'assaut violent qu'on leur donnera, n'étant assez forts pour soutenir la grêle des bombardes, et canons.

Car tout édifice qui est bâti sur le sable ne subsiste longuement, il est aisément abattu.

Par quoi nous délibérons de l'assaillir, et tâcherons de combattre ta loi par les vives atteintes de flèches acérées, et canonnades bruyantes.

CHAPITRE XLII

Ta loi donc nous reproche que les saints volumes ont été falsifiés et dépravés.

Nous ne le croyons pas, si nous n'avons suffisante preuve, Tellement que nous disons que cela est faux.

Mais je veux procéder avec toi en dispute par une autre méthode, afin que je te montre, que c'est plutôt ton Législateur qui est faussaire, et imposteur.

Ne sais-tu pas bien, que la loi Mosaïque, et les Prophètes avaient vu la lumière bien longtemps avant que ton Mahomet fut né ?

Ne confesses-tu pas qu'ils avaient été déjà translatés en plusieurs langues, non par un seul mais par divers interprètes, et étaient épars en plusieurs lieux ?

Car à la requête de Ptolémée Philadelphe, septante Prêtres de la loi interprétèrent l'ancien testament, et bien que chacun travailla séparément à la traduction, si est-ce pourtant, qu'après que leurs translations particulières furent rapportées, toutes se trouvèrent accordantes.

Après ceux-là, Aquila, Theodotion, Symmachus, et autres y ont besogné.

Plusieurs ont traduit l'ancien testament bien longtemps avant que ta loi eut été publiée.

Et les Bibliothèques étaient déjà remplies desdites traductions de la loi et des Prophètes, en Alexandrie, Rome, Athènes, Carthage, Syracuse, Tolède, Lyon, et autres villes fameuses.

Et le vieux Testament était par devers les Grecs et Latins, traduit selon la vérité Hébraïque, lu, publié, et reçu.

Comment donc le Juif, eut-il pu, après tant de copies dispersées par tant de lieux, en tant de nations, falsifier et corrompre la Sainte Bible ?

Jésus-Christ n'était pas encore incarné, quand les susnommés interprètes l'ont traduite, et n'y avait en leur saison aucun argument de la dépraver, n'étant encore ému la contention entre les Juifs, et les Chrétiens sur les points de la loi.

Quel besoin donc de corrompre ou retrancher quelque chose en la loi, pour ceux qui ne l'avaient pas encore reçue ? Encore moins était-il nécessaire à ceux qui la gardaient de bonne volonté.

S'il y a donc quelque fausseté, il la faut rechercher aux originaux des Hébreux, et non pas en la traduction reçue, publiée, et avérée entre les Grecs et Latins, et dispersée par tout le monde.

Et si j'ose bien affirmer, que la traduction Judaïque n'est pas falsifiée, attendu qu'encore à présent elle s'accorde avec la Grecque et Latine, et n'y a apparence, que quelque corruption s'y soit fourrée, parmi tant de volumes, qui sont épars en tant de mains.

Je croirais plutôt que c'est Mahomet qui a falsifié quelque volume de la Bible, et puis après l'a communiqué comme véritable à ceux qu'il a suborné dès le commencement, et qui se sont retirés par devers lui.

Lequel volume dépravé, a ensuite été transcrit par vous autres, et multiplié.

Qui fait que nous concluons que nulle vérité y est contenue, mais y sont entrées mille faussetés et mensonges.

On dit en commun proverbe : Que le ruisseau qui prend son origine d'une source amère, ne peut être doux.

Or je te demande (Prince magnanime) Si on produisait devant ton Parquet judiciaire deux livres de raison, l'un desquels a été copié sur l'autre, et qu'en celui qui est extrait par copie il était écrit, que Sempronius doit mille Talents, et en l'original de ladite copie, il y en a deux mille, auquel des deux ajouteras-tu plus de foi ?

Ne sera-ce pas à l'original, et non pas à la copie ?

Ainsi est-il donc, que les Hébreux sont les Pères qui ont par devers eu l'original, les autres n'ont que la copie : il faut donc croire à l'original qui est l'ancien.

Je te demande encore ?

Si on trouve quatre quittances ou quatre comptes, chez quatre receveurs, Seius, Caius, et Sempronius, et au compte que produit Sempronius, on trouve qu'il a prêté cent talents à

Lucius, et aux autres trois comptes, on trouve que plutôt il doit lesdits cent talents à Lucius : auquel croiras-tu ?

N'auras-tu pas plus d'égard à la déposition des trois que d'un seul ?

Si tu veux ainsi juger équitablement, voilà toute notre dispute terminée, voir notre foi homologuée, car nous te produisons quatre livres qui contiennent tout l'ancien Testament : l'un est des Hébreux, le second des Grecs, le troisième des Latins, et le quatrième de Mahomet.

Les trois premiers sont d'accord, et le quatrième est le seul qui est différent, et ne contient que mensonges et bourdes.

Que veux-tu dire à ceci ? que songes-tu ?

Les Grecs devant l'avènement du Fils de Dieu, et les Latins devant l'avènement de Mahomet, n'ont jamais vu, tenu, ou reçu autre loi, et autre ancien Testament, que celui que nous avons encore à présent, qui est conforme à celui des Hébreux.

Si tu objectes qu'on ne trouve maintenant des Gentils qui aient des Bibliothèques tant anciennes, Interroge les Juifs, et tu trouveras que nous disons la vérité.

Joseph auteur Hébreu est en lumière, qui témoigne que la traduction de l'ancienne loi a été faite à la requête d'un Gentil, à savoir Ptolémée Philadelphe Roi d'Égypte, de laquelle traduction les autres ont été puisées, qui persévèrent en leur intégrité jusqu'à présent, et ne discordent aucunement avec la vérité Hébraïque.

CHAPITRE XLIII

Il nous faut maintenant conclure, que l'imposture de Mahomet est évidente, et que son assertion impudente est hors de raison, étant trop étrange, sans aucune vérisimilitude, par quoi elle est indigne d'être confutée, et digne de toute moquerie et dérision.

Or il faut que tu entendes, que tout ce que nous avons dit de l'ancien testament, est aussi vérifié du nouveau.

Car il n'a pas été écrit par un seul, ni en une seule langue, ni prêché en un seul climat, ni en une seule saison, mais il est partout reçu sans contredit, de même accord, dans aucune altération de sentences et dictions.

Tellement que ce que les Grecs tiennent les Latins, Hébreux, Syriens, Arméniens, Barbares et autres nations qui croient en Jésus-Christ, le tiennent aussi.

Il n'y a que les Hérétiques, qui ont présumé de le corrompre, pour le faire servir à leurs mensonges, et pour défendre leurs erreurs.

Que feras-tu donc maintenant ? que diras-tu ? qui croiras-tu ? sera-ce au Mahommetiste seul, ou bien au Latin, Grec et Hébreu ?

Ne sais-tu pas bien que la Loi Chrétienne, est plus ancienne, que la Mahommetique, et que la trompette Évangélique a été ouïe par toute la terre ? C'est ce que dit David.

Le son de leur voix et prédication a été ouï par toute la terre, voir jusqu'aux extrémités de la terre habitable.

La Loi de Jésus-Christ a été annoncée à Rome, et par tout l'empire Romain, et a été reçue avant que jamais ton législateur se fut avancé, toutes les nations ont avoué et approuvé le saint Évangile tel que nous l'avons maintenant sans jamais présumer de le corrompre, ou changer, ni réprouver une Loi tant commune et usitée, aussi n'y avait-il occasion, car ton Mahomet n'était pas encore né, avec lequel on dut contester des points de la foi.

C'est à lui seul qu'a été totalement nécessaire la dépravation de la sainte Écriture, du fait qu'il s'est efforcé de forger une nouvelle loi contraire à l'ancienne et nouvelle qui est reçue de tous Catholiques.

Je ne sortirai jamais hors de la fantaisie, qu'un homme quel qui soit s'il a un droit et saint jugement, jugera par sentence définitive, qu'on doit beaucoup plus ajouter de foi, et avoir plus grand égard au Christianisme et loi de Jésus-Christ, que non pas au Mahométisme, et à la Loi d'un Sarrasin.

Car le Chrétien est exact observateur, et amoureux de la Loi, et ne décline point du sentier, ni de la tradition des anciens pères, mais le Turc au contraire est inconstant et muable, quitte facilement son opinion et médite nouvelles inventions sans se soucier des traditions, et autorité des ancêtres.

Nous recevons quatre Évangiles, qui ont été avoués par les saints pères aux Conciles généraux, non sans mûre et diligente discussion, mais avec une prudente circonspection et subtile inquisition, ayant par toutes voies et moyens recherché la vérité qui y est contenue.

Par quoi il ne faut point que ton Mahomet nous vienne nasiller, et imposer que les saintes écritures on été dépravées et corrompues.

N'est il pas écrit de la cité de Dieu, qui est l'Église, Qu'il a fondée a jamais ?

Elle ne serait pas fondée à jamais, si son fondement qui est la foi, et n'est appuyé que sur l'Évangile, était corrompu et gâté.

Et ne pourrait être véritable ce que Baruch témoigne de la Loi divine.

Que c'est la Loi qui durera à jamais. Et ne serait aussi vrai ce que dit le Psalmiste.

Ta parole persiste à tout jamais. Esaïe aussi serait trouvé menteur ou imposteur, qui dit parlant de Jésus-Christ, Qu'il sera assis sur le trône de David, et sur son Royaume, pour le confirmer, et corroborer, et stabiliser équité, et jugement à perpétuité.

Nous croyons aux paroles de l'ange Gabriel, lequel parlant du même Jésus-Christ à la vierge Marie, dit, que Dieu lui donnera le siège de son père David, et qu'il régnera sur la maison de Jacob éternellement.

Comment est-ce que Jésus-Christ, règne en la maison de Jacob, ou de David, sinon par foi ? Et comment par foi, sinon par le moyen de l'Évangile ? Comment par l'Évangile éternellement s'il est corrompu et gâté, comme faussement Mahomet lui impose ?

Ô langue méchante, menteuse, fausse, et pernicieuse.

Je suis avec vous (dit Jésus-Christ) jusqu'à la consommation du siècle.

Et le Prophète Osée adresse sa parole à l'Église en la personne de Dieu.

Je t'épouserai par foi à jamais.

Et notre Sauveur parlant à son Vicaire. Tu es Pierre (dit-il) et sur cette pierre je bâtirai mon Église, et les portes d'Enfer ne pourront rien à l'encontre d'elle.

Et derechef, J'ai prié pour toi, afin que ta foi ne défaille point.

Faisons donc maintenant une conclusion.

Que si l'Évangile, que nous tenons, et que nous prêchons, eut été corrompu et dépravé, les portes de l'Enfer eussent prévalu, et la foi de saint Pierre eut défailli, et eut été perdue.

Mais la foi du grand Pasteur est demeurée inviolable en l'Église Romaine laquelle n'a jamais erré, et n'errera jamais.

Car c'est la Dame, et Mère de tous les fidèles et la règle de vérité.

CHAPITRE XLIV

Donne toi garde (Prince très illustre) d'ensuivre l'erreur de Porphyre qui a blasphémé contre Dieu, et approuve tout ce qui est conforme à ta loi.

Car étant devenu de Chrétien Idolâtre, sema un bruit, qu'il avait été appelé au conseil des Dieux, pour entendre le jugement qu'ils donneraient de Jésus-Christ, et lui dirent qu'il avait été homme de bien, mais que ses disciples, avaient grandement offensé, de lui avoir attribué la Divinité, laquelle il n'avait jamais voulu usurper, au contraire l'avait refusée.

Voila quel témoignage ont donné les faux Dieux, qui ne furent jamais autres que Diables.

Mais ne t'aperçois-tu point de sa finesse ?

Ne vois tu pas bien que c'est le même argument que Mahomet a emprunté des diables mêmes ?

Ce n'est qu'une même intention, une même tromperie, et

conclusion de tous les deux, car le Diable qui parle par Porphyre, et par Mahomet, est ennemi de Jésus-Christ, et ne tâchent tous deux par leur menée que d'offenser, et obscurcir sa gloire et majesté.

C'est donc par le conseil du Diable, et à sa persuasion que ta loi a été bâtie, laquelle est discordante de tous points, avec la loi Évangélique et Mosaïque.

Tu me répliqueras aussi, que la Loi Évangélique répugne à la Loi Mosaïque, en raison qu'elle ne défend aucune chose, que Moïse a commandé en sa Loi, et au contraire, elle permet, ce que Moïse a défendu.

Mais tu n'entends pas (à ce que je vois) les secrets mystères de l'ancienne loi, laquelle a été longtemps enceinte de la nouvelle, et a enfanté quand le temps préfixe a été arrivé ce que Jérémie avait prévu en esprit quand il dit : Voici les jours viennent dit le seigneur, que je traiterai une nouvelle alliance avec la maison d'Israël, et avec la maison de Juda, non pas selon l'alliance que j'ai faite avec leurs pères, au jour que je pris leur main pour les faire sortir hors de la terre d'Égypte.

Mais voici l'alliance que je ferai avec la maison d'Israël.

Après ces jours (dit le Seigneur) j'y mettrai ma Loi en eux, et l'écrirai en leur cœur, et serai leur Dieu, et ils seront mon peuple.

Il dit donc une nouvelle alliance.

Car le baptême a succédé à la Circoncision.

Il écrira la loi en leur cœur, car l'ancienne Loi a été écrite en tables de pierres, mais la nouvelle est gravée dans les cœurs des hommes par charité.

Et il sera leur Dieu.

Car l'auteur de la nouvelle loi qui est Jésus-Christ est Dieu et homme, et Moïse auteur de l'ancienne, a été pur homme, tellement que par l'avènement de celui qui est parfait, l'autre qui était imparfait a cessé, et Dieu n'habite plus au prépuce, c'est à dire en la loi qui circoncit, mais il se complaît d'habiter aux cœurs des hommes, comme dit Saint Paul.

Si vous êtes circoncis, Jésus-Christ ne vous profitera de rien.

Au surplus les cérémonies de la loi, n'ont plus d'autorité ni de lieu, depuis que celui, duquel parle Moïse au Deutéronome, est venu.

Le seigneur ton Dieu te suscitera un Prophète comme moi du milieu de toi, c'est à dire, du milieu de tes frères vous lui obéirez, selon, tout ce que tu as demandé au Seigneur ton Dieu en Oreb.

Puis après il s'ensuit.

Je mettrai mes paroles en sa bouche, et il leur dira tout ce que je commanderai.

En cet endroit le Prophète parle de Jésus-Christ, comme par la bouche de Dieu à l'avènement duquel les observances légales et cérémonies devaient prendre fin, comme il est expressément écrit en saint Mathieu.

La Loi, et les Prophètes jusqu'à saint Jean.

Car tous les sacrements que les anciens pères observaient ne servaient que de figure, pour démontrer un futur Messie qui est Jésus-Christ, lequel devait venir pour les mettre à fin, et en instituer d'autres de plus grande vertu, utilité, et énergie, plus aisés, et plus véritables, voir en plus petit nombre.

Après donc que la prêtrise légale a été changée, en une plus excellente sous laquelle prêtrise était la Loi : il a aussi été convenable, que la Loi fut changée en une meilleure.

Concluons donc que la Loi nouvelle, n'est contraire à la Loi Mosaïque, puis que nous avons prouvé qu'elle a été enceinte d'elle, et qu'elle l'a enfanté à l'avènement de Jésus-Christ, qui l'a fait resplendissante par sa splendeur et lumière, ayant mis fin suivant ce qui en avait été décrété à la circoncision, et autres cérémonies observées en l'ancienne loi.

Et est maintenant la loi Évangélique et Chrétienne d'autant plus digne que la Mosaïque, comme l'oracle de Dieu est plus excellent que celui d'un homme.

CHAPITRE XLV

Tu connais maintenant (si je ne me trompe) quelle est la vérité et autorité de notre foi, et n'ignore pas son utilité.

Et ne crois point autrement, que tu ne commences à te déplaire en ta loi, et à t'en décourager.

Mais j'aperçois un inconvénient, c'est que ton Législateur s'y oppose, et te défend d'éplucher la vérité de près, et de découvrir par recherche les faussetés de sa Loi, comme s'il te disait en menaçant :

Ma Loi n'est pas telle (ô Prince) qu'on en doive douter, et l'examiner par disputes.

Garde toi bien de la quitter, et de la discuter, pour t'en émanciper.

Regardes que tu as les armes au poing, et que pendant que tu y as ajouté foi, adhérant à ma loi, tu as conquis grande étendue de pays.

Tous ceux qui n'écoutent ma voix, et n'obéissent à ma Loi, sont dignes du tranchant de l'épée, car le glaive est la défense, et conservation de la dignité de ma loi.

J'ai pris naissance en Arabie, issu de bas lieu, et ai eu petit commencement, et me suis tellement poussé, que j'ai pris telle accroissance avec prospérité que tu vois, je t'ai subjugué toute l'Égypte a ma loi.

La Syrie, Mésopotamie, Libye, Numidie, Mauritanie, et une partie des Espagnes, la riche Asie, et la docte Grèce, la forte Thrace, et la noble Macédoine, et plusieurs autres régions fléchissent sous ma loi, et je les ai conquis à force d'armes, non par vertus de miracles ou prédication, c'est à faire à des femmelettes de rendre parole pour parole, et injure, pour injure.

Les hommes manient les armes et se font par elles redouter.

Si ma loi n'était bien certaine et véritable, Dieu ne lui eut donné telle autorité, accroissance et progrès fortuné.

Si telle faveur à mon Empire, c'est un signe évident de son amour et dilection envers moi, et qu'il s'éjouit à l'odeur de ma loi, me faisant voie à glorieuses et triomphantes victoires.

As tu mis en oubli, comme tu as tant de fois triomphé de tes ennemis, tantôt en la terre Pontique, et tantôt en la Grèce.

Par quoi (mon fils) regarde à ce que tu fais et à ce que tu entreprends, et ce que tu cherches.

Veux-tu après tant de victoires que tu as eu sous ma loi, te rendre à la loi de Jésus-Christ, duquel tu as tant de fois profané les Temples, et démoli les autels, rasé les villes, meurtri les confesseurs ?

Donne-toi garde, que quittant ma loi tu sois abandonné de Dieu.

CHAPITRE XLVI

Il est vraisemblable que telles remontrances te pourront ébranler, et qu'elles causeront quelque frayeur et crainte en ton esprit.

Mais je te prie d'entendre combien telle crainte et frayeur est légère, et de nulle importance.

Quiconque veut mal faire, hait la lumière (dit Jésus-Christ).

Les larrons vont toujours de nuit pour voler et dérober, les ruffiens accomplissent leur vilenie en ténèbres, car pour mal faire, on ne cherche jamais de témoins, aussi ne veut-on jamais être trouvé en une méchante œuvre.

Ton Législateur ressemble à ces gens là, car il craint que ses mensonges et impostures, ne soient découvertes par la lumière de l'examen et dispute.

Il a peur que ses sales et hordes ordonnances viennent à notice, c'est pourquoi il en défend l'inquisition verbale, et commande d'opposer le glaive à tous ceux qui voudront s'en informer plus avant, il ne reçoit autre Juge ou Censeur que le fer et l'épée.

Au reste, Dieu sait comme se piaffe, et se vante de l'heureux accroissement, et splendeur de sa loi.

Si est-ce que nous avons découvert son ordure, et avons montré les moyens par lesquels elle eu vogue, à savoir qu'elle prêche une liberté charnelle et vie voluptueuse, ce qui débauche aisément un peuple adonné à son plaisir.

Au reste, nous ne voulons pas renier que ceux de ta nation n'aient obtenu grand nombre de victoires, et n'aient mis fin à plusieurs guerres avec triomphe et gloire.

Nous confessons que toi même as été fort vaillant et heureux en tes entreprises de guerre, tu as souvent vaincu, plusieurs fois triomphé.

Mais aussi faut-il que tu reconnaisses que tu as été quelquefois vaincu.

Nous avons dès le commencement montré, comme les Chrétiens en petit nombre, ont défait il n'y a pas longtemps une armée nombreuse de Turcs qui voulaient approcher du Danube, et néanmoins ceux qui eurent la victoire n'étaient pas gens aguerris, ni stylés au maniement des armes, voir même n'étaient garnis de ce qui est convenable à l'expédition militaire, ils étaient seulement munis et armés du signe de la Croix vivifique, c'étaient tous gens rustiques, ramassés des champs, nus, et inexperts au fait des armes, n'ayant pour toute armure qu'une vive foi, cependant ils se sont fait voie par dessus le ventre de tes canailles et hardis Capitaines, qui avaient des harnois dorés, et des Corselets à l'épreuve.

S'il est donc ainsi que la victoire fait paraître de la vérité de la loi et religion, il faut donc que tu crois à notre loi, puisqu'en un seul conflit, une petite troupe de gens ramassés qui n'avaient autres armes que la foi, a défait une si grande multitude de braves Turcs et a fait tomber tout le reste sous la miséricorde du chef ?

Ou tu dois confesser que tes victoires ne sont pas miraculeuses, puisque tu ne les as su obtenir sans faire si grande perte de tes meilleurs hommes.

Mais à quoi nous arrêtons-nous ?

Dis moi je te prie.

Si la vérité de la religion, et de la foi se confirme par tels signes.

J'ai vaincu, j'ai surmonté, j'ai défait mes ennemis, j'ai triomphé, j'ai l'Empire, et il faut nécessairement conclure par tels arguments.

Je ne veux donc plus tenir autre religion pour la plus vraie et certaine, que celle d'Alexandre le grand, qui à tant été illustrée de victoires, et de ses successeurs qui ont régné en la Grèce, en l'Asie, en la Syrie, en l'Égypte, en Libye, en Perse, en Scithie, et aux Indes, l'empire desquels a été obtenu à force d'armes.

La religion aussi des romains sera la plus vraie et certaine qui ont jusqu'au grand Constantin subjugué tout le monde, et ont dompté toutes nations, par leurs armes.

Et néanmoins, nous n'ignorons pas qu'Alexandre, ses successeurs, les Romains et ceux qui ont régné sous eux ont été Idolâtres, (excepté les Juifs) car ils ont adoré les uns Jupiter, les autres Mars, les autres Mercure, les autres le Soleil, et autres Planètes.

Plusieurs mêmes d'entre eux comme les Égyptiens ont adoré les bêtes brutes.

Ne savons-nous pas ce qu'en a dit un Poète ?

Ignores-tu comme l'Égyptien hors du bon sens pour Dieu errant, adore un crocodile, et des monstres encore ?

Et ce qui est encore plus éloigné de raison, ils ont attribué titre de divinité aux Aulx, Poireaux et Oignons, si est-ce qu'avec cette religion, ils ont obtenu de grandes victoires, comme il est écrit d'Osiris qui fit le circuit du monde, et y a fait de merveilleuses conquêtes.

Est-ce donc à dire que nous devons recevoir les Dieux des Égyptiens, ou que nous devons confesser leur religion être vraie, parce qu'ils ont été tant victorieux ?

Jamais les Juifs ne furent de cette opinion, quand ils furent vaincus par les Assyriens, et furent menés captifs par Antiochus, et puis par les Romains, pour cela ils n'ont pas accepté leur religion, ni reçu leurs lois, comme de victorieux Idolâtres.

Au contraire, ils ont toujours persévéré en leur ancienne religion, parmi les chaînes, menottes, et autres liens ; bien qu'ils fussent la fable du monde exposés à injures, indignité et contumélies.

Nous ne sommes pas tant dépourvus de raison et d'entendement, que nous voulions autrement faire.

CHAPITRE XLVII

Nous autres donc qui sommes Chrétiens ne devons accuser notre Dieu ni abandonner notre religion, bien que nous fusses rompus en guerre, et traités inhumainement, car nous devons imputer cela à nos péchés et offenses, et louons Dieu, de ce qu'il nous châtie comme ses enfants bien-aimés par une étrangère main, pour tant de rébellions, et désobéissances, que nous avons faites à ses commandements et à son saint Évangile, ayant été mercenaires, et non volontaires observateurs de ses préceptes contenus en notre loi, n'ayant aussi fidèlement persévéré avec lui, par les traces de nos pères qui ont été de sainte vie, au contraire nous laissant abattre par la fragilité, et pusillanimité, sommes tombés au fossé, étant fourvoyés du vrai sentier.

De sorte que nous croyons certainement, que c'est un signe de sa digne clémence, et sainte grâce envers nous, quand il permet que soyons visités par tels fléaux, afin qu'il nous relève, en punissant nos offenses.

Nous reconnaissons (dis-je), nos iniquités, et en reconnaissant nous confessons, que le tourment et affliction que nous portons, n'est pas correspondante à l'énormité de nos péchés.

Si donc nous périssons par glaive, par les mains des ennemis en guerre, et sommes dépouillés de nos biens, chassés de nos maisons, et sommes faits esclaves, nous disons avec Daniel, que Dieu est au ciel qui révèle les secrets, qui dispose du temps, change les états, transfère les Royaumes, afin que nous confessions que c'est d'en haut, qu'il regarde sur les fils des hommes, qui tient les sceptres et commande à l'Empire temporel, lequel il confère à qui bon lui semble.

Nous tenons pour tout certain, qu'il a voulu humilier les Juifs ses enfants, et les Chrétiens ses bien-aimés par la puissance étrangère, qui est de diverse religion, quand bon lui a semblé.

Et lui plaît encore d'ainsi faire maintenant, pour châtier les offenses de son peuple, qui le provoque sans cesse à ire, et courroux par ses mauvais comportements.

Mais si nous retournons vers lui en cœur contrit, implorant sa miséricorde et bonté, nous avons une ferme espérance, qu'il nous exaucera, suivant, ce que dit le Prophète.

Quand il sera courroucé, il aura souvenance de sa miséricorde.

Il est doux, clément, et bénin de nature, et ne laissera en langueur ceux qui le réclament.

Déjà donc à Dieu ne plaise, que cela soit trouvé véritable, que la religion est jugée la plus certaine, et meilleure, qui a reçu de plus excellentes victoires.

Car un grand inconvénient s'ensuivrait, de dire que la religion de ceux-là qui ont vaincu les Hébreux était la mieux éprouvée, ce qui n'est vraisemblable.

Car la loi de Dieu est éternelle, et ne peut céder à la force et violence d'une autre, et je suis certain, que ni ton législateur, ni toi même ne voudriez entrer en telle présomption, que de l'affirmer véritable.

Ce qu'il met donc toute la défense de sa loi au bras humain, refuse toute dispute, ne reçoit aucunes raisons, n'est-ce pas un grand indice de manifeste impiété ?

Saint-Pierre n'a pas ainsi dit, étant constitué Pasteur universel de l'Église, et bergerie Chrétienne par Jésus-Christ qui lui a donné les clefs du Royaume des Cieux.

Car il se présente pour rendre raison de tout ce qui concerne la foi de Jésus-Christ.

Comme disait aussi saint Laurent martyr, Que sa nuit n'avait aucunes ténèbres, et que tout était manifeste en la lumière de l'Évangile, Jésus-Christ aussi n'approuve pas qu'on cache sous la muid la chandelle ardente, mais commande qu'on la mette sur le chandelier afin qu'elle donne lumière à tous ceux de la maison.

Il enjoint derechef à ses Apôtres, de prêcher publiquement ce qu'ils ont ouï de sa doctrine, comme lui-même se vante d'avoir publiquement prêché au monde, et n'avoir rien dit en cachette. Les faux prophètes, suborneurs vont prêcher aux lieux ténébreux, et cachés, et veulent que leur doctrine soit secrète, prenant le serment de leurs auditeurs de ne révéler leurs sermons ainsi que le faisaient anciennement à Rome, ceux qui célébraient la fête de Bacchus.

Lesquels se mussaient aux cavernes pour offrir sacrifices à leur Dieu où aussi il exerçaient tous actes détestables et vilains.

Certes quand on ne trouverait autre argument pour réprouver ta loi que celui-ci, il est plus que suffisant, de ce que ton législateur défend de contester des points de sa loi, il savait donc bien en sa conscience, que ce qu'il ordonnait ne valait rien, et connaissait que toute la loi ancienne et nouvelle lui était contraire, et voyait d'ailleurs que les arguments et raisons Philosophiques l'impugnaient de tous côtés, voir se doutait bien que toutes ses impostures et mensonges ne pourraient pas subsister, pour être soutenus en la présence des gens doctes et bien entendus de sciences.

Il a aussi bien pourpensé (comme il avait l'esprit rusé et vigilant à mal faire) que les Gentils et Idolâtres ayant mauvais bruit seraient exterminés, et que les Juifs n'auraient plus de crédit en raison que leur Royaume, et Prêtrise, était transféré aux Chrétiens.

Pour cela s'est il avisé avant de bâtir sa loi, afin de laisser une perpétuelle mémoire de son nom, de prendre l'opportunité aux crains, et préméditant ce qui est advenu, à savoir que Dieu était étrangement courroucé contre les Chrétiens pour les énormes offenses, et iniquités, et évidentes transgressions de ses commandements qui se commettaient par eux, il a pris de cela un argument de faciliter son entreprise de vengeance de Dieu lui servant d'escorte, assuré que Dieu lui donnerait un progrès, et lui accorderait une victoire à l'encontre des transgresseurs de sa loi, et criminels de lèse majesté divine.

C'est pourquoi il a constitué la défense de sa loi en la force des armes, s'assurant qu'elle serait fort aisément reçue des hommes puis qu'il lâchait la bride à toute espèce de volupté.

Mais si tu veux savoir la vérité, ce n'est autre que le diable qui est auteur de son dessein.

Ce n'est autre que l'antique serpent qui a imaginé ce moyen pour exécuter sa rage et felonnie, et envie conçue contre l'Église de Dieu.

Car se voyant reculé à raison de la grande multitude des fidèles qui entraient en la barque de la religion Catholique, voyant qu'on avait abattu ses idoles, démoli ses temples, qu'on n'allait plus consulter les faux oracles, qu'il n'y avait plus autre Dieu reconnu, que le seul et vrai Dieu, à savoir Jésus-Christ en l'essence du Père et du saint Esprit.

Il alla susciter l'esprit fanatique de Mahomet du temps de l'Empire d'Heraclius, et l'institua son ministre, pour exécuter sa félonie, choisissant un homme perdu, désespéré, sans cervelle, Idolâtre, de peu de moyens, quant aux biens de fortune, Arabe de nation, au reste homme arrogant et hautain, méchant et privé de bon sens, lequel afin de mieux s'avancer, prit conseil de quelques Juifs, et faux Chrétiens, du nombre desquels fut Sergius homme plein de l'esprit d'Ambition, avec lesquels insignes suppôts, il façonna une troisième loi, qu'il a tirée de l'ancienne et nouvelle, mais la remplie de fables, et inepties, de mensonges, et rêveries, qui lui donnent tout l'ornement qu'elle peut avoir par dehors.

Nous l'appelons Loi, à cause qu'il la ainsi nommée, mais au reste son vrai nom, est blasphème, et exécration.

Je me doute qu'à cette parole tu refrènes le front, et regardes de travers, et fais mine d'être ému de courroux, et d'étonnement, Si tu es amateur de vérité, il faut que tu sois auditeur de vérité, et crois que ton législateur, s'il est bien ton ami, ne te voudrait défendre d'ouïr parler vérité, laquelle d'autant qu'elle est amie, elle en est plus salutaire, et convient plus à l'homme, voir de sa nature et condition.

CHAPITRE XLVIII

Or je te prie d'entendre la vérité, et de discerner ce que proprement mérite le nom de Loi.

La loi, selon l'opinion des Philosophes, est celle qui est établie, conduite et ordonnée par raison.

Les autres disent, que la loi n'est autre chose, qu'une droite raison dérivée du souverain Dieu.

Ce qui est donc hors de raison, et contraire à la raison ne mérite pas le nom de loi.

Or puisque ton Législateur défend de disputer de sa loi, et ne lui assigne autre chose pour sa défense que le glaive, il faut inférer, que ce n'est pas une loi, si d'aventure elle n'est du nombre de celles, les auteurs desquelles sont maudits de Dieu par le Prophète.

David enseigne bien comme il faut connaître la loi de Dieu, quand il lui donne de si beaux titres, écoute-les, et tu verras si ta loi Mahommetique est descendue du ciel, et si elle a été divinement inspirée, ou autrement.

La loi du Seigneur (dit-il) est sans macule, convertissant les âmes.

Le témoignage du Seigneur est fidèle, et donne sapience aux petits.

Il appelle la loi de Dieu, sans macule, en raison qu'elle rejette toute impiété, et abhorre toute souillure, et volupté, car comme dit le même Prophète, les paroles de Dieu sont chastes, de façon que Job disait, Vous ne trouverez aucune iniquité en ma bouche, et ma langue ne proférera aucune folie.

Saint Paul dit aussi, que la loi est sainte, et le précepte bon et juste.

Comment donc se peut-il faire, que la loi de Mahomet soit sans macule, laquelle ouvre la porte à toute espèce de paillardise et ordure ?

Tu me répondras, que ta loi commande quelques jeûnes, oraisons et aumônes, et choses semblables.

Tout cela est bon, nous ne voulons pas blâmer ces bonnes œuvres là comme mauvaises, mais nous disons, qu'elles servent de peu en ta loi, pour le mérite de l'âme.

Aussi ce n'est pas ton Législateur qui est auteur de cela, car avant que jamais il fut né, nous tenions pour bonnes toutes ces œuvres là, sans qu'il les coucha par ses écrits.

Hélias a observé le jeûne, Jésus-Christ l'a fait aussi, et un Prophète bien plus ancien que ton Mahomet, enseigne à prier

Dieu, tailler du pain aux faméliques, héberger les étrangers, bref nous avons eu bien d'autres législateurs que Mahomet, qui nous ont enseigné d'accomplir les œuvres de miséricorde, mais il est seul, qui enseigne de paillarder impunément, et de bien boire et manger, et rire et gausser sans souci de répréhension, et fait bien d'avantage, car il canonise au nombre des saints ceux qui sont les plus infâmes, et détestables ruffiens.

C'est donc le seul pédagogue de toute turpitude, auteur de tout flagice et volupté, précepteur de l'école de toute lasciveté.

Il est bien vrai, qu'il a mêlé quelque peu de bien parmi le mal (à la mode de tous les hérétiques) afin de mieux faire recevoir sa loi.

Mais la loi de Dieu (dit le prophète) convertit les âmes, et les fait suivre la bonne voie.

Ta loi tant s'en faut qu'elles les convertisse, que plutôt elle les pervertit, fait errer, et les sépare du troupeau de Jésus-Christ.

CHAPITRE XLIX

C'est le commandement de Dieu qui est saint. Et c'est le commandement de Mahomet qui est sale, et vilain :

Prenez (dit-il) des femmes et concubines tant que vous voudrez, car je sens en moi la force de quarante hommes, et me donne du plaisir avec plusieurs femmes, et concubines.

Que dirons-nous de si fidèle témoignage ?

Quand la loi fut donnée à Moïse en la montagne de Sinaï, les foudres, éclairs et tonnerres furent ouïs, de façon que les signes du Ciel donnèrent fidèle témoignage à cette loi là.

La loi aussi de Jésus-Christ a été confirmée par signes, prodiges, et miracles infinis, ainsi que lui même en témoigne.

Si je n'eusse fait des œuvres entre eux, que nul autre n'a faites, ils n'auraient point de péché.

Ainsi David parlant à Dieu de l'ancienne, et nouvelle loi, qui convertit les âmes au créateur, et souverain bien.

Tes témoignages (dit-il) sont faits merveilleusement croyables, Et l'Evangeliste saint Marc, sur la fin, dit que les Apôtres se partirent, pour prêcher partout, et le Seigneur ouvrait avec eux, confirmant leur parole par signes.

Où sont les signes, et miracles qui portent témoignages à la loi de Mahomet de quelque sainteté ?

Je ne suis (dit-il) envoyé sinon, qu'en la force des armes, et vertu du glaive, et quiconque ne recevra ma doctrine, qu'on le mette à mort, ou qu'on le fasse esclave comme incrédule.

Vois-tu donc comme il confesse librement, qu'il n'a aucune vertu de faire miracles, et que ce n'est que rêverie, de tout ce que tes Docteurs enseignent au peuple de ta religion ?

Elle n'a autre témoignage que des armes. Est-ce là un fidèle témoignage ?

Mais voyons le reste, que David a recherché en une vraie loi.

Elle donne (dit-il) Sapience aux petits, c'est à dire, au simple et menu peuple.

Or Sapience comme l'ont définie les anciens, est une science des choses divines et humaines, douce, et savoureuse, quand elle fait distiller en nos cœurs un amour divin.

C'est pour cela que disait David, Que tes paroles sont douces à ma langue c'est plus que miel, en ma bouche.

Ta loi donc n'a rien de commun avec Dieu, ni avec les choses douces, et célestes, car elle ne reconnaît point la divine providence sur les choses inférieures, qu'elle pense être négligées de Dieu.

Il y avait jadis en Alexandrie bon nombre de Philosophes, et en toute l'Asie et Syrie, plusieurs ont acquis le bruit de doctrine et science, desquels la mémoire n'est pas ensevelie jusqu'à maintenant.

Mais depuis que ta loi a commencé à avoir cours, on n'a plus trouvé gens qui s'adonnassent à la recherche des secrets de nature, à cause que ton faux Prophète avec sa loi, possède tous les pays susmentionnés, et ne baille point de sapience aux petits.

Au contraire, au lieu d'appuyer la Loi sur la Sapience, il l'appuie sur le fer tranchant.

Mais tout va autrement parmi nous, les sciences et études fleurissent en nos Académies, on y fait profession publique de Philosophie, on enseigne aux écoles la Théologie, on n'omet aucun genre de doctrine, les Collèges sont fondés et érigés, en plusieurs villes d'Italie, et ailleurs, qui sont comme refuges et asiles des bonnes lettres, comme en Espagne, France, Allemagne, Angleterre, où se trouvent Collèges financés, et bien fournis de gens doctes et excellents, qui montrent la Sapience aux petits.

Car c'est, le plus grand plaisir que les Chrétiens reçoivent, que de faire instruire la jeunesse, et les simples pour connaître et comprendre la vérité de notre religion.

Laquelle n'a jamais été taxée d'erreur, et fausseté, mais a toujours eu l'esprit de Dieu qui l'a dirigée, et illustrée.

Mais ton législateur n'est pas seulement impudent menteur, et malin séducteur, mais avec cela il est ignare et inepte songeur et rêveur, avec ce qu'il contredit à lui même, comme on le remarque souvent en lisant son Alcoran, où se rencontrent à tas tant d'inepties, fables, et bourdes, sornettes, et jaseries que les petits enfants s'en moquent.

Et afin que tu ne penses que nous lui voulions imposer, nous en réciterons quelques unes des plus mûres, afin qu'on juge que le résidu est semblable et ne vaut guère mieux.

CHAPITRE L

Ton Mahomet donc, exposant un chapitre de l'Alcoran, qui est intitulé des enfants d'Israël, parle en cette manière.

Louange soit à celui, qui a transporté en une nuit son fidèle serviteur, de l'oratoire Helcarata (c'est la maison de la Mecque) jusqu'en l'oratoire de la sainte maison de Jérusalem, auprès de laquelle nous avons donné bénédiction à Dieu.

Ô vous hommes écoutez, Après que j'ai été ravi du milieu de

vous, Gabriel est venu vers moi sur le soir après la psalmodie de Vêpres, et m'a dit, Ô Mahomet, Dieu commande que tu viennes à lui, et je lui répondis, En quel lieu pourrai-je le trouver, Et Gabriel me dit, Là où il est.

Et incontinent il m'amena une monture de la grandeur d'un âne ou d'un mulet, qu'il nommait Elberahil, ayant voix humaine, et en moins d'une heure, je fis le chemin de cinquante mille ans.

Et Gabriel me dit, Monte sur cette bête, et vas t'en à sainte maison.

Et quand je voulu monter sur cette bête, elle se reculait, alors commandement lui fut fait de s'arrêter, en raison que Mahomet devait monter dessus.

Et elle répondit, A t-il été appelé ? et Gabriel répondit que oui, Alors elle dit, Je ne permettrai point qu'il monte, s'il ne prie Dieu pour moi avant de monter.

Ce que je fis, et priais pour la jument, sur laquelle étant monté, elle allait amblé, et fichant l'ongle de son pied au coin de son œil, j'arrivais en moindre espace que le sourcil se peut mouvoir à la sainte maison.

Gabriel me servait de guide, qui me mena en Jérusalem, en une roche prochaine, et me dit, descend, car de dessus cette roche, tu monteras au ciel.

Ayant donc attaché ma Jument par le licol en cette roche, il me porta au ciel sur ses épaules. Et quand nous fumes arrivés à la porte du Ciel, Gabriel frappa, et on demanda qui c'était, Gabriel répondit, c'est moi.

On lui demanda derechef, Qui est avec toi, et il répondit, C'est Mahomet, Le portier répliqua, a t-il été appelé ?

Gabriel répondit, Oui, il a été appelé.

Alors aussitôt la porte fut ouverte, et je vis les Anges, et mettant le genoux à terre, je priai Dieu pour eux.

Alors Gabriel, me prit derechef, et me leva jusqu'au second ciel, distant d'un ciel à l'autre, autant qu'il y a de chemin en cinq cens ans.

Où étant arrivé, il frappa comme il avait fait au premier ciel, et on lui répondit de même, tellement que par même moyen, il me conduit jusqu'au septième ciel, où semblable distance se trouve de l'un à l'autre, comme du premier au second.

Voilà les gentils comptes de Mahomet, qui dit encore, qu'en ce septième ciel, il vit un peuple d'Anges, et entre les autres il en vit un qui était de même longueur que tout le monde, et mille fois plus grand que les autres.

Il dit aussi en avoir trouvé un entre les autres, qui avait sept fois cent mille têtes, et en chacune tête autant de bouches, et en chacune bouche autant de langues, lesquelles donnaient louanges à Dieu en sept cent millions d'Idiomes.

Il dit davantage, qu'il rencontra un Ange qui pleurait, auquel ayant demandé la cause, il lui répondit que c'était pour ses péchés, et pria Dieu pour lui.

Alors Gabriel (dit-il) me bailla en la garde d'un Ange, et cet Ange me donna à un autre, jusqu'à ce que je fusse arrivé en la présence de Dieu, où je fus joint à son siège.

Et me toucha de sa main entre les épaules, et sa main froide pénétra jusqu'à la moelle de mon dos.

Voilà donc comment ton Mahomet charme les oreilles du peuple léger, pour croire à telles fables et mensonges.

Et afin que plus évidemment on le reconnaisse pour imposteur, il faut encore ouïr un conte qui est écrit en un sien livre intitulé la doctrine de Mahomet, où il dit, Qu'il y a deux Anges nommés Arathes, et Narathes, lesquels descendirent en terre par le commandement de Dieu, pour instruire et enseigner le genre humain, par la tradition de trois mandements, dont le premier est qu'on ne commettra aucun homicide, et qu'on ne fera mourir personne injustement, le second, qu'on ne jugera aucun témérairement, et qu'on ne prononcera point de jugement inique, le troisième qu'on ne boira point de vin.

Après que ces Anges eurent gouverné quelque espace de temps les hommes, chacun abordait à eux de tous les coins de la terre pour avoir jugement.

Entre-autres se présenta une femme belle en perfection, bien brave, et mignonnement accoutrée, laquelle vint demander jugement d'une cause ou procès qu'elle avait contre son mari.

Mais afin qu'elle eut ses juges favorables, elle les invita à dîner en son logis, à laquelle ils s'accordèrent.

Elle leur apprêta donc un magnifique banquet, où elle même versait à boire, et assietait les plats.

Mais jamais les Anges ne voulurent goûter de son vin, qu'elle ne les en eut importuné, ce qu'elle fit, et les en fit boire, qu'ils s'enivrèrent, et étant ivres, commencèrent à caresser leur hôtesse, la requérant du don d'amour.

Elle ne fit difficulté de s'accorder, à telle condition, que l'un lui apprendrait la manière de monter au ciel, et l'autre d'en dévaler, ce qu'ils firent.

Et tout aussitôt qu'elle sut le chemin du ciel, elle y monta, les quittant là, arriva devant Dieu, qui l'ayant aperçue, la mit incontinent entre les Astres, et l'appela Lucifer.

Mais les Anges amoureux, furent appelés en jugement et condamnés pour une si lourde faute à être liés de chaînes de fer, et puis jetés en un Puits profond, où ils seront jusqu'au jour du Jugement.

Eux-mêmes ayant élu cette temporelle punition en ce monde, pour se rédimer de celle qui sera en l'autre.

CHAPITRE LI

Voilà la Sapience de Mahomet, laquelle il prêche pour bien endoctriner les simples, voilà sa belle Théologie, et la doctrine qui lui a été divinement révélée.

Ô merveilleuse audace ! et impudence incrédible d'un homme, ou plutôt vraie forcenerie.

Je te prie de faire un dénombrement des fables ridicules, et rêveries de cet insolent personnage.

Quand nous tairions de sa Jument qui a parlé, en raison que l'écriture a fait mention que l'ânesse a parlé, et les histoires profanes témoignent de quelque bœuf.

Pourrions nous avouer, qu'en une heure il ait fait le chemin de cinquante mille ans ?

Pèse un peu ces mots je te prie, et pense part toi si cela peut advenir à un corps qui n'est point encore glorifié.

Mais où est-il allé ? où a-il été ? qu'est ce qu'il a vu, et circuit ?

Il n'avait pas encore été au Ciel.

Quel chemin il a suivi, quelles Provinces a t-il arpentées, pour faire tant de chemin ?

Sa Jument ne l'a pas porté.

Qui l'a donc transporté en tant de lieux, d'où venait-til ?

Il ne fait point mention de tout ceci.

En quoi avait-il offensé sa Jument, qu'elle avait besoin de ses prières, puisque c'était une bête ?

D'avantage, qu'avait à faire ce portier qui est au ciel, de s'interroger de Mahomet ?

N'était-il pas assez heureux, ou bien s'il était ambitieux d'un plus haut degré, comme s'il n'eut pas été consommé en sa béatitude au Ciel, ou qu'au Ciel la convoitise eut place ?

Il décrit après avec une même fidélité la distance des Cieux, et la qualité des Sphères, et dit qu'il y a d'un Ciel à l'autre chemin de cinq cent ans, et que la même épaisseur s'y trouve.

Que veut rêver ce songeur ? Qui le croira ?

Il me souvient ici d'un conte fabuleux qui est tout conforme à celui-ci que les Gentils ont récité.

De Dionysiaques excellent Géométrien, lequel étant mort et enterré en son pays, ces parents quelque espace de temps après assemblés à ses obsèques ouvrirent son sépulcre, où ils trouvèrent une épître écrite aux Dieux, qui contenait, comment il était descendu de son sépulcre, jusqu'au centre de la terre, où il avait trouvé en longueur et espace, quarante deux mille stades, et depuis les Géométriens interprètent cette épître (comme témoigne Pline) et conclurent qu'elle pouvait avoir été envoyée du milieu cercle de la terre, afin de notifier le grand espace qu'il y a depuis le haut jusqu'au bas, ayant mis une petite boule au milieu, pour mieux faire la supputation, et démontrer quel circuit peut avoir la terre, qui contient à l'environ de cette boule de bon conte, deux cent cinquante mille stades.

Il est vrai que la supputation Harmonique qui fait convenir

ensemble, et se joindre la nature des choses y trouve encore par la même mesure, selon le témoignage du même Pline, sept mille stades.

Eratosthène très-diligent, et curieux rechercheur des choses susdites a laissé par écrit, que le circuit de la terre universelle, comprend deux cent cinquante deux mille stades, auxquelles Hypparchus ajoute encore vingt cinq mille.

Il est vrai qu'on trouve les auteurs de la différente opinion, mais je pourrais plus véritablement dire que la rondeur de la terre ne fut jamais exactement mesurée, et ne fut jamais comprise en l'esprit humain, attendu qu'on ignore ses bornes du côté de Midi, et de Septentrion.

Mahomet donc est un menteur, qui feint avoir compris en son esprit plus que tous les autres ensemble, et nous veut faire accroire (comme s'il était monté au ciel) qu'il y a de distance d'un Ciel à l'autre, le chemin de cinq cent ans, et que la rotondité des Sphères, est de même espace.

Il a songé cela avec Rabbi Moses Philosophe Égyptien, Hébreu de nation, qui a controuvé telles bourdes.

Mais les Philosophes bien approuvés d'entre nous ne sont point de telle opinion, ni Ptolémée ni même Alexandrin Prince des Astrologues, lequel ne s'accorde pas touchant l'épaisseur de la Sphère de la Lune, en laquelle il a mis le chemin de soixante neuf ans et quelques mois et jours, donnant à chaque jour, vingt cinq mille pas, ou deux cent stades.

Les autres Astrologues qui ont curieusement recherché les secrets des Cieux, disent que la Sphère du Soleil est six cent fois plus grande que celle de la Lune, et que la Sphère de Mars, est plus grande que celle du Soleil, à cause qu'elle est plus haute, et a plus grande rotondité, et néanmoins elle est d'épaisseur inférieure.

Or combien qu'on impute à trop grande audace et témérité, de parler de chose si haute, plusieurs nonobstant y ajoutent foi, stimulés par la force, et subtilité des arguments, mais aussi plusieurs autres négligent cela comme chose trop incertaine.

Or donnons cela à ton législateur, et nous lui faisons cet honneur que de croire à sa déposition, comme d'un assuré imposteur, non pour ce que nous croyons qu'il en ait vu l'expérience, ou (quoi qu'il se vante) qu'il ait été conduit du bon Ange pour savoir au vrai ce qu'il enseigne, mais par ce qu'il peut être familier de celui qui est tombé du haut Ciel aux Enfers, et peut en parler comme expert.

Si à telle condition, il veut que nous lui prêtions créance, j'en suis d'opinion autrement nous disons avec la sainte Écriture, Que le Ciel est dessus et la terre en bas, et le cœur des Rois ne peut être connu.

Venons au reste : Il se vante avoir vu des Anges qui avaient des corps matériels d'immense grandeur, que si selon son dire, il y a des Anges, qui sont plus grands que le monde, ils ont donc une partie de leur corps hors du monde.

Cependant les Philosophes soutiennent, que toutes choses sont comprises en la circonférence du monde et non dehors.

Il faut donc que ton Mahomet avait plus bu que de coutume, et que s'étant endormi songea, et pensait que ses songes fussent Oracles, comme s'il devait être avoué de rendre tout ce qu'il songeait certain et véritable, bien qu'il fut plus absurde, et hors de raison, que ce que pourrait songer un homme sans cervelle.

Avec pareille rêverie, il fait des contes, qu'il a vu des Anges corporels qui avaient grandement offensé, et bon besoin de pardon, auxquels il se présenta médiateur.

Non content de toutes ces bourdes, il va encore trouver un plus grand mensonge, voir blasphème, à savoir que Dieu l'a touché entre les épaules, la main duquel froide, a pénétré jusqu'à la moelle de son dos, ce que nous avons déjà prouvé être manifeste mensonge et imposture.

Mais qui pourra ouïr patiemment ce beau conte des deux Anges qui s'enivrèrent, et furent épris de l'amour de la belle hôtesse, à laquelle ils présentèrent une fort incivile requête honteuse, et malhonnête, laquelle aussi les abusa ayant appris d'eux le chemin du Ciel où elle monta jusqu'au trône de Dieu, qui la reçut et caressa lui donnant place entre les Astres, lesquels Anges furent âprement pour cela châtiés, et dit que c'est pour cela que les Turcs ne boivent point de vin, à raison de ce grand scandale, et inconvénient.

CHAPITRE LII

Je te prie donc maintenant de considérer quelle modestie a ton Mahomet de parler ainsi sans déguisement et fiction, avec une telle éloquence des choses de conséquence, enrichissant ses notables discours qui traitent de sa loi, de tels songes et fables controuvées.

Nous autres qui ne sommes qu'apprentis, et novices, ne pouvons aisément croire, que des femmes aient été transportées au ciel, pour y être transformées en Astres, dont l'un se nomme la grande Ourse, et l'autre la petite Ourse, qui luisent à l'entour du chariot paresseux Bootes.

Si nous nous persuadons que pour la sagesse qui reluit en toi, tu ne fais pas cas de telles rêveries et fadaises de ton Mahomet.

Mais il y a je ne sais quoi qui te tient en émoi.

C'est que tu t'émerveilles comme de jour en jour que plusieurs renégats quittent notre foi Catholique, pour suivre la tienne, et se rangent de ton parti, et blâment notre loi comme méchante, pour embrasser la tienne, et se font même circoncire, et en recevant les sacrements de ton Mahométisme, ont en détestation le mystère de la divine Trinité, qu'ils avaient confessé auparavant, et se moquent de Jésus-Christ qu'ils avaient avec nous adoré.

Nous ne doutons point que cela ne se trouve, mais je te prie de remarquer quelles gens sont-ils.

Tu les discerneras aisément, car ce sont des gens désespérés, voluptueux, adonnés à toute lubricité, idolâtres de leur volonté, ambitieux, et qui ne pourraient être tolérés en notre religion sans être recherchés, et subir correction.

Ce sont tous gens excommuniés, qui sont chassés du troupeau comme rogneux, pourris, scandaleux, et perdus, et se retirent par devers toi, pour vivre à la mode d'Épicuriens sans contradiction.

Je crois certainement que jamais le remord de leur conscience ne les laisse en paix, et sont toujours en tourment, comme tu le pourrais connaître, si tu pénétrais jusqu'au profond de leur intérieur, car ils ont perdu toute espérance de salut et de la vie future, sont déconfortés en chagrin perpétuel, ayant quitté Jésus-Christ la fontaine de vie, ne sachant par quel moyen y pouvoir retourner, portant un même jugement que Caïn, qui disait, que son offense surpassait la miséricorde de Dieu.

Ne t'émerveille donc point de cela, si quelques uns des nôtres, pour jouir des moyens du monde, et s'assouvir de toute espèce de volupté, se rendent à ta loi.

Cela n'est ni nouveau ni merveilleux, et tu n'as que faire de t'en étonner.

N'y a t-il pas des Mahométans, qui se retirent souvent vers nous ?

Et ce que plus nous admirons, et de quoi on se doit bien émerveiller comme rare, et de mémoire éternelle.

C'est que de tant de millions de Chrétiens qui sont marqués du saint caractère de Jésus-Christ, qui vivent sous ton Empire, et te payent tribut, lesquels sont souvent privés de leurs propres enfants, et sont par les tiens, faits esclaves, souffrent plusieurs outrages et indignités en leurs femmes qui leurs sont ravies, sont charriés d'une dure servitude, harcelés, vexés, affligés de mille espèces de travaux.

Pas un toutefois ne se trouve qui veuille renoncer à la foi de Jésus-Christ, tellement qu'ils préfèrent leur salut, à une condition meilleure de quelque liberté et élargissement que tu pourrais leurs faire, s'ils se révoltaient de leur religion pour prendre la tienne, lesquels tu ferais traiter plus humainement, et les avancerais aux états, honneurs et richesses.

Ils aiment donc mieux souffrir l'austère joug de ta tyrannie, et cruelle servitude, que de vivre en misère ayant renoncé à Jésus-Christ.

Voilà certes un merveilleux, et vraiment divin et surnaturel acte de constance, qui devrait bien t'émouvoir à considérer, non le petit nombre des nôtres qui passe de ton côté, mais la multitude innombrable de ceux qui persistent inviolablement en la confession de Jésus-Christ.

Car c'est un manifeste miracle, de les voir si constant en leurs afflictions.

Ce que la sainteté de notre loi apporte en eux, est l'assurance qu'ils ont d'une vie éternelle, laquelle ne fut jamais par homme sage post-posée à la présente.

CHAPITRE LIII

Que veux-tu donc maintenant dire ?
Qu'as-tu plus à songer, ou chanceler ?
La Loi Chrétienne est véritable, tirée du ventre de la loi Mosaïque, des saints Prophètes, des Oracles divins, elle a Dieu pour auteur, le fils de Dieu l'a établie, elle est approuvée de la bouche de Dieu, elle est nette, pure, sans macule, sainte et divine, parfaite et accomplie en toutes ses parties, elle n'est ni flétrie, ni ridée, elle ne peut jamais défaillir, elle ne clochera jamais.

Quiconque s'arrête en elle, trouve tout ce qu'il a de besoin.

Il reçoit tout ce qu'il demande, s'il heurte on lui ouvre, c'est la fontaine de Clémence, c'est le sommet de Justice, le miroir de piété, elle est pleine de douceur, de mansuétude, de miséricorde.

Pour laquelle confirmer innumérables Martyrs ont laissé la vie, les vieux, jeunes, matrones, veuves, vierges, filles, et enfants n'ont point redouté les horribles tourments que les tyrans et bourreaux ont pratiqués sur leurs corps, étant assurés que ceux là sont bien heureux qui ont mérité mourir ou souffrir pour la loi de Jésus-Christ.

Nous n'avons pas maintenant grand loisir de faire un dénombrement des signes et prodiges, qui ont porté témoignage à la vérité, et ont démontré la certitude de notre foi Catholique.

Car où trouverait-on homme qui eut le pouvoir, et la vigueur d'esprit, de mettre en évidence tant d'excellents professeurs du droit divin et humain qui sont sortis de l'école Chrétienne vrais luminaires du monde, fontaines, et ruisseaux découlant toute science, qui ont persévéré jusqu'à la mort en la foi de Jésus-Christ sans fléchir aucunement, qui ont composé tant de beaux livres, qui servent pour édifier, consoler, confirmer, illustrer notre loi, et reluisent par leur doctrine comme Soleils, et Astres divins ?

Où se trouvera en telle contrée que tu voudras, une loi qui se puisse vanter d'avoir un autre Saint Augustin, Saint Jérôme, Saint Ambroise, Saint Grégoire ?

Et afin que nous ne laissions les Grecs derrière.

Où est la religion, qui se pourra glorifier d'avoir un Origène, (bien qu'il ait erré en quelques lieux) un Saint Jean Chrysotome, un grand Basile, un Saint Cyrille, un Eusèbe, un Grégoire Nazianzene ?

Le temps nous quitterait si nous entreprenions de nombrer tous les saints Docteurs de notre Loi, tant ceux qui sont morts, que ceux qui restent en vie, encore qu'on ne puisse vraiment dire qu'ils soient morts, puisqu'ils ont acquis la vie éternelle, et que leurs labeurs les rendent immortels parmi nous, où ils reluisent comme étoiles, en ce qu'ils ont exposé la foi de la très sublime, et très sainte Trinité.

Que dirons nous des Religions, et Cloîtres monastiques, où est exercée la vie Angélique, et sont continuelles prières offertes à Dieu pour les pécheurs, et où jamais ne cesse la divine psalmodie, et ne prennent jamais fin les saints Cantiques.

Saint Benoît natif de Nurse, a été entre nous comme un astre resplendissant, Législateur, Pasteur, et Père d'un grand nombre de Religieux.

Entre les Grecs à fleuri saint Basile, et les dits Cenobiarches ont été suivis par saint Bernard de Clervaux, par Bruno fondateur et instituteur de l'ordre de Chartreuse, et de jour en jour nous voyons le nombre des Saint Pères augmenter.

Tous les jours on construit Monastères nouveaux, et le saint état Monastique se renouvelle toujours, par quelques saints personnages.

Quels fruits a porté cet arbre fécond Saint François Séraphique, très ardent et affectionné culteur de pauvreté ?

Il a pris naissance au pays de Umbrie qui est une région d'Italie.

Combien a t-il amassé de disciples à sa suite ?

Combien avons-nous de saints personnages qui ont fleuri sous sa règle ?

Du nombre desquels a été saint Antoine de Lisbonne, qui repose à Pavie glorieux en miracles.

Saint Bernardin de Sienne repose en Aquile, lequel a été estimé second Saint Paul prêchant en chaise.

Les œuvres de Nicolas de Lyre sont en lumière, admirées, et reçus de tout le monde.

Saint Dominique qui a pris naissance aux derniers confins d'Espagne, est aussi apparu comme un astre qui se lève après que le Soleil est couché, pour renouveler une sainte, et honorable forme de vivre qu'il a donné à ses sectateurs, pour décorer et enrichir l'Église de son ordre des frères Prêcheurs, duquel les disciples ont eu un renom fort excellent.

Nommément le grand Albert reconnu admirable pour sa science et doctrine, car il n'a rien ignoré, en tout genre de science, auquel ne doit rien Saint Thomas en doctrine, mais il lui est préféré en sainteté.

De mon temps fleurissait sous la même règle Vincent Espagnol, canonisé par notre prédécesseur, et mis au rang des saints Confesseurs en l'Église.

Et de fraîche mémoire Nicolas de Tolentin de l'ordre de Saint Augustin a été semblablement mis au nombre des bien-heureux, et notre religion ne cesse de produire journellement nouvelle semence, et nouveaux fruits.

Tellement que s'il y en a en l'Église qui provoquent l'ire de Dieu contre nous par leurs offenses, il y a aussi un grand nombre de gens de bien, qui apaisent son ire par leur sainte vie, et le réconcilient par dévotes prières.

Nous n'avons aussi nombre petit de dévotes, saintes et religieuses Vierges chastes, et pures, qui apaisent par continuels suffrages la rigoureuse justice de notre Dieu, de façon que par l'aide, confort et soulagement de ces saintes personnes qui s'emploient pour la sauvegarde de l'Église, nous sommes tirés hors de crainte de tomber en danger et précipice.

CHAPITRE LIV

Toi donc (ô Prince Très illustre) qui n'as pas perdu l'usage de raison, et n'as pas reçu de Dieu, un esprit lourd ou hébété, fais une collection de tout ce que nous t'avons dit, pour les ruminer, c'est à toi d'entendre à ton salut, et au commun salut de ton peuple.

Ne t'opiniâtre donc point en ton incrédulité, quitte ces épaisses ténèbres qui t'ont enveloppé, et te jette en la lumière.

Regarde de quel pied ta loi cloche, comment elle est enflée de grosses erreurs, comme elle est éloignée de vérité.

Considère qu'il n'y a aucun salut en elle, du fait qu'elle est contraire, à l'ancienne et nouvelle loi.

Tu as été informé par nous, comme est solide, constant et ferme le fondement de notre foi, et comme la doctrine Évangélique est sainte et véritable, simple, pure, sans contagion, seule, et unique, sans mélange de fausseté, laquelle montre le droit chemin au port de salut.

Ce que ne peut faire la tienne.

Tu as aussi entendu (si mes discours sont gravés en ta mémoire) qu'il y a une Trinité de personnes, et unité en la divine essence, et que l'unité en Trinité doit être adorée, sans que l'une soit différente de l'autre.

Tu as ouï comme il faut entendre cela, que le Père engendre le Fils égal à lui.

Comme le Saint Esprit procède du Père et du Fils, qui est charité et amour, et doit être adoré d'une même Latrie puisqu'il est Dieu.

Tu as entendu comment le Fils a été fait chair, incarné au ventre virginal, pour nous racheter, et délivrer de la captivité du Diable, comme il a souffert mort ignominieuse, comme il a évacué les Enfers, comme il est ressuscité le troisième jour, comme il a conversé avec ses disciples quarante jours avant de monter au ciel, où il est assis à la dextre de Dieu son Père, et doit retourner à la fin du monde pour juger les vifs et les morts.

Lequel jugement accompli, les damnés auront le feu éternel

pour leur héritage.

Et les bons seront appelés, pour posséder la félicité éternelle, non pour y vivre en délices et plaisirs charnels, ou en accouplement vilain et sale (tel que feint ton Mahomet) mais en joie spirituelle d'Esprit, en la charité de Dieu, laquelle surpasse tous sens et entendement.

Surtout, nous t'avons montré, qu'il n'est point possible que tu viennes à bout de tes desseins, qui est d'entrer sur la Chrétienté, pour y posséder la gloire de l'Empire, signamment sur ceux qui sont en l'Europe ou Empire Occidental, pendant que tu persisteras infidèle.

Mais si tu te rends participant des Sacrements de notre religion Chrétienne, Nous t'assurons que tu seras le plus puissant Prince de la terre.

Sois donc recors de nos propos et de nos promesses, et reçois mon très fidèle conseil.

Reçois le baptême de Jésus-Christ, et entre en la régénération du Saint Esprit, embrasse d'affection le très saint Évangile, mets toi en sauvegarde et protection de Jésus-Christ.

Si tu fais cela, ce sera le salut de ton âme, et le profit de ton peuple, et toutes tes entreprises auront un heureux cours.

Ton nom sera célèbre, toutes les nations te respecteront, toute la Grèce, toute l'Italie, toute l'Europe t'aura en grande admiration, les langues, Latine, Grecque, Hébraïque, Arabique, et Barbare te magnifieront, te béniront, et te loueront.

Nulle nation, nul âge, se pourra assouvir de réciter tes louanges.

Tu seras réclamé de tous, partout renommé, et crié auteur de paix et fondateur de repos, Prince de paix et de tranquillité.

Les Turcs te reconnaîtront comme guide de leur salut, Les Chrétiens comme conservateur de leur vie.

Les Syriens, Arabes, Égyptiens, Libyens, et toute autre nation éloignée, et écartée du parc de l'Église, ayant reçu si bonnes nouvelles, courront après toi, et s'ils sont rebelles, ils seront châtiés par le glaive et armes des Chrétiens.

De façon que s'ils ne te suivent en l'association de notre loi, ils expérimenteront que tu seras maître de leur religion.

Nous serons tes coadjuteurs, tu seras avec l'aide de Dieu

légitime Prince de tous et souverain dominateur.

Voilà les grandeurs, amples gages, et salaires que nous te promettons après que tu seras marqué du saint caractère de notre foi par le sacré baptême.

La divine bonté t'anoblira, et enrichira de ses dons comme un fidèle observateur de l'Évangile.

Mais si tu méprises tout notre conseil et avis salutaire, toute ta gloire s'évanouira, ta puissance s'amoindrira, et comme une vapeur tu deviendras à néant, périras selon la mode des méchants hommes qui ont toujours eu une fin malheureuse, et ont été réduits en poudre.

Au reste Jésus-Christ à jamais régnera, auquel seul soit à perpétuité honneur et gloire.

Ainsi soit-il.